世界哲學家叢書

王陽明

秦家懿　著

傅偉勳／韋政通　主編

東大圖書公司

國家圖書館出版品預行編目資料

王陽明 / 秦家懿著.－－二版一刷.－－臺北市: 東大,
2013
面；　公分.

ISBN 978－957－19－0111－4　（平裝）

120

ⓒ　王陽明

著 作 人	秦家懿
發 行 人	劉仲文
著作財產權人	東大圖書股份有限公司
發 行 所	東大圖書股份有限公司
	地址　臺北市復興北路386號
	電話　(02)25006600
	郵撥帳號　0107175－0
門 市 部	(復北店) 臺北市復興北路386號
	(重南店) 臺北市重慶南路一段61號
出版日期	初版一刷　1987年7月
	二版一刷　2013年7月
編　　　號	E 120130

行政院新聞局登記證局版臺業字第○一九七號

有著作權・不准侵害

ISBN　978－957－19－0111－4　（平裝）

http://www.sanmin.com.tw　三民網路書店

《世界哲學家叢書》總序

　　本叢書的出版計劃原先出於三民書局董事長劉振強先生多年來的構想，曾先向政通提出，並希望我們兩人共同負責主編工作。一九八四年二月底，偉勳應邀訪問香港中文大學哲學系，三月中旬順道來臺，即與政通拜訪劉先生，在三民書局二樓辦公室商談有關叢書出版的初步計劃。我們十分贊同劉先生的構想，認為此套叢書（預計百冊以上）如能順利完成，當是學術文化出版事業的一大創舉與突破，也就當場答應劉先生的誠懇邀請，共同擔任叢書主編。兩人私下也為叢書的計劃討論多次，擬定了「撰稿細則」，以求各書可循的統一規格，尤其在內容上特別要求各書必須包括(1)原哲學思想家的生平；(2)時代背景與社會環境；(3)思想傳承與改造；(4)思想特徵及其獨創性；(5)歷史地位；(6)對後世的影響（包括歷代對他的評價），以及(7)思想的現代意義。

　　作為叢書主編，我們都了解到，以目前極有限的財源、人力與時間，要去完成多達三、四百冊的大規模而齊全的叢書，根本是不可能的事。光就人力一點來說，少數教授學者由於個人的某些困難（如筆債太多之類），不克參加；因此我們曾對較有餘力的簽約作者，暗示過繼續邀請他們多撰一兩本書的可能性。遺憾的是，此刻在政治上整個中國仍然處於「一分為二」的艱苦狀態，

加上馬列教條的種種限制，我們不可能邀請大陸學者參與撰寫工作。不過到目前為止，我們已經獲得八十位以上海內外的學者精英全力支持，包括臺灣、香港、新加坡、澳洲、美國、西德與加拿大七個地區；難得的是，更包括了日本與大韓民國好多位名流學者加入叢書作者的陣容，增加不少叢書的國際光彩。韓國的國際退溪學會也在定期月刊《退溪學界消息》鄭重推薦叢書兩次，我們藉此機會表示謝意。

　　原則上，本叢書應該包括古今中外所有著名的哲學思想家，但是除了財源問題之外，也有人才不足的實際困難。就西方哲學來說，一大半作者的專長與興趣都集中在現代哲學部門，反映著我們在近代哲學的專門人才不太充足。再就東方哲學而言，印度哲學部門很難找到適當的專家與作者；至於貫穿整個亞洲思想文化的佛教部門，在中、韓兩國的佛教思想家方面雖有十位左右的作者參加，日本佛教與印度佛教方面卻仍近乎空白。人才與作者最多的是在儒家思想家這個部門，包括中、韓、日三國的儒學發展在內，最能令人滿意。總之，我們尋找叢書作者所遭遇到的這些困難，對於我們有一學術研究的重要啟示（或不如說是警號）：我們在印度思想、日本佛教以及西方哲學方面至今仍無高度的研究成果，我們必須早日設法彌補這些方面的人才缺失，以便提高我們的學術水平。相比之下，鄰邦日本一百多年來已造就了東西方哲學幾乎每一部門的專家學者，足資借鏡，有待我們迎頭趕上。

　　以儒、道、佛三家為主的中國哲學，可以說是傳統中國思想與文化的本有根基，有待我們經過一番批判的繼承與創造的發展，重新提高它在世界哲學應有的地位。為了解決此一時代課題，我們實有必要重新比較中國哲學與（包括西方與日、韓、印等東方

國家在內的）外國哲學的優劣長短，從中設法開闢一條合乎未來中國所需求的哲學理路。我們衷心盼望，本叢書將有助於讀者對此時代課題的深切關注與反思，且有助於中外哲學之間更進一步的交流與會通。

最後，我們應該強調，中國目前雖仍處於「一分為二」的政治局面，但是海峽兩岸的每一知識份子都應具有「文化中國」的共識共認，為了祖國傳統思想與文化的繼往開來承擔一份責任，這也是我們主編《世界哲學家叢書》的一大旨趣。

傅偉勳　韋政通

一九八六年五月四日

自　序

　　王守仁（陽明）是十五、十六世紀的人。可是在二十世紀的學術界上（尤其在海峽兩邊），他仍然會引起「愛」與「憎」的感情，仍然有「談虎色變」的作用。原因很簡單：他曾經身兼軍職，在經過內戰而「一化為二」的今日中國，容易受人利用，或者說他是模範的「儒將」，或者說他是鎮壓農民的「地主」。本著思想史的立場來說，這是一種不正常的現象。因為王陽明在思想史上的地位，不應該與二十世紀的政治變化，牽涉在一起。而且五百年前的明代中國，與今天的情況，也大有一同。

　　筆者認為，要了解陽明的哲學，就得盡量「處身心」於他當時的環境與思想背景，隨著他本身思想的演化，而體會他的意思所在。陽明的思路是「圓型」的：他本著「人心」的自發自決力，而發明「知行合一」，「致良知」等等解釋；又在「良知本體」論上，為他的道德論奠基。事實上，他的起點與終點，是同一箇「心」。換句話說，他由「心」的一箇層次（「人心」）達到另一層次（「道心」）。

　　關於陽明思想的專題書很多（見「參考書目」），筆者未能一一引申。本書直溯陽明本人的遺言，由淺入深，探討他的思想精髓。所以共分八章。前兩章先述陽明思想的前驅（宋明理學），與

他本人生平的演變（「狂者」精神）。第三章起，說「心即理」的各層意義，包括「格物即誠意」，與陽明立說時對於傳統權威所表現的獨立心境（第四章），再進一步，解釋「致良知說」的各層含義，與它如何「總攝諸說」（第五章）。然後我們探討「良知本體」的深蘊（即「道德本體論」，見第六章）與「良知本體」和「萬物一體」與「無善無惡」的關係（第七章），並兼論王陽明對於道教、佛教所持的基本態度。第八章則說出筆者本人的反思。不過王陽明不只屬於中國文化。他也屬於日本與韓國。所以在述說陽明學在明末中國的後繼之後，即將陽明學在明治維新前後的日本，與李朝與其後的朝鮮的情況，作一項簡單的介紹（跋（一））。最後，憑著比較性的史實，才給陽明的學說，作一種「總評價」（跋（二））。

　　筆者曾有英文著作，討論王陽明的「求智之道」（見參考書目）。這本書的結構，與英文著作很相近，但是並非完全一樣。再者，筆者身居海外，一方面，固有方便處，可以「獨立」為言；另方面，在中文修辭上，尚請讀者原諒。然後，筆者既然最近完成主編英譯的黃宗羲《明儒學案》（選譯已由夏威夷大學出版社刊印），這項工作對於本書的撰述，也有所助。

　　在著述本書時，筆者參考的書，除陽明的遺著以外，還有明、清各家給他的學說的解釋與批評。這些算是「第一手」的資料。但是陽明學在日本特別發達，作者因此也特別參考了日本學者的近作。雖然也未能一一引述，至少在「參考書目」中，為讀者列出。

　　筆者在本書中，不多提及西方哲學與陽明思想有何接近之處。實在因為篇幅與時間都不允許這麼作。可是筆者自己採用的「解

王」方法，有得自己故美國名哲學家 Richard McKeon 的「先分析，後反思」之處。McKeon 先生在晚年表示對於中國哲學有興趣，並曾參加筆者在多倫多大學主辦的「中國哲學國際討論會」（1983 年 8 月）。筆者願意在此致敬。在王陽明與道教方面，筆者從柳存仁先生處，學到不少。而且筆者曾經屢次與岡田武彥先生談話，又得其著書之助。最後，筆者在哥倫比亞大學任教時，曾得美國理學專家狄別瑞 (W. T. de Bary) 先生的鼓勵。其時前後又常有所得於陳榮捷先生。這都是筆者的幸運。

另外，筆者一向認為，中國性理學思想，與西方宗教思想，尤其是本於所謂「神秘經驗」(mystical experience) 的思想，有接近處，而至今少人提及。所以在本書結論中，特別提出此點。

本書引用正中書局的《王陽明全書》頁數，是為了方便起見。此套書有錯誤處，所以筆者也曾用「四部備要」本，與之對證。至於筆者自己寫錯之處，尚請讀者寬恕。

秦家懿

一九八七年元月於加拿大多倫多大學

目 次

《世界哲學家叢書》總序

自 序

王陽明傳（節錄自黃宗羲《明儒學案》）

王陽明傳

（節錄自黃宗羲《明儒學案》）

　　王守仁，字伯安，學者稱為陽明先生，（浙江）餘姚人也。父華，成化辛丑 (1481) 進士第一人。仕至南京吏部尚書。先生娠十四月而生。祖母岑夫人夢神人送兒自雲中至，因命名為雲。五歲不能言。有異僧過之，曰：「可惜道破。」始改今名。豪邁不羈。十五歲縱觀塞外，經月始返。十八歲過廣信，謁婁一齋，慨然以聖人可學而至。登弘治己未 (1499) 進士第。授刑部主事，改兵部。逆（劉）瑾矯旨逮南京科道官。先生抗疏救之。下詔獄廷杖四十，謫貴州龍場驛丞。瑾遣人跡而加害，先生托投水脫去，得至龍場。瑾誅，知廬陵縣 (1510)，歷吏部主事、員外郎、郎中，陞南京太僕寺少卿，鴻臚寺卿。時虔閩不靖，兵部尚書王瓊特舉先生以左僉部御史巡撫南贛。未幾，遂平漳南、橫水、桶岡、大帽、浰頭諸寇。己卯 (1519) 六月，奉敕勘處福建叛軍。至豐城而聞宸濠反，遂返吉安，起兵討之。宸濠方圍安慶。先生破南昌。濠返兵自救，遇之於樵舍。三戰俘濠。武宗率師親征。群小張忠許泰欲縱濠鄱湖，待武宗接戰而後奏凱。先生不聽。乘夜過玉山，集浙江三司，以濠付太監張永。張永者，為武宗親信群小之所憚也。命兼江西巡撫。又明年 (1522)，陞南京兵部尚書。封新建伯。

嘉靖壬午，丁冢宰憂❶。丁亥 (1527)，原官兼左都御史，起征思
田。思田平，以歸師襲八寨斷藤峽，破之。先生幼夢謁馬伏波廟，
題詩於壁。至是道出祠下，恍如夢中時。先生已病，疏請告，至
南安，門人周積侍疾，問遺言。先生曰：「此心光明，亦復何言。」
頃之而逝。七年戊子十一月二十九日也 (1529)。年五十七。先生
之學始泛濫於詞章，繼而遍讀考亭之書，循序格物。顧物理吾心，
終判為二，無所得入。於是出入於佛老者久之，及至居夷處困。
動心忍性，因念聖人處此，更有何道。忽悟格物致知之旨：聖人
之道，吾性自足，不假外求。其學凡三變而始得其門。自此以後，
盡去枝葉，一意本原，以默坐澄心為學的。有未發之中，始能有
發而中節之和。視、聽、言、動大率以收斂為主，發散是不得已。
江右以後，專提致良知三字，默不假坐，心不待澄，不習不慮，
出之自有天則。蓋良知即是未發之中。此知之前，更無未發，良
知即是中節之和。此知之後，更無已發，此知自能收斂，不須更
主於收斂，此知自能發散，不須更期於發散。收斂者，感之體，
靜而動也；發散者，寂之用，動而靜也。知之真切篤實處即是行，
行之明覺精察處即是知，無有二也。居越以後，所操益熟，所得
益化，時時知是知非，時時無是無非，開口即得本心，更無假借
湊泊，如赤日當空，而萬象畢照。是學成之後，又有此三變也。
先生憫宋儒之後，學者以知識為知，謂人心之所有者不過明覺。
而理為天地萬物之所公共，故必窮盡天地萬物之理，然後吾心之

---

❶ 陽明父王華，官至南京吏部尚書，1522 年在鄉過世。陽明本人的生
卒年月日，依西元計算，是：1472 年 10 月 31 日生，1529 年 1 月 9
日卒。世人常以陽明卒於 1528 年，誤也。（當年陰曆 11 月末已是陽
曆的次年。）

明覺，與之渾合而無間。說是無內外，其實全靠外來聞見，以填補其靈明者也。先生以聖人之學，心學也。心即理也。故於致格物之訓，不得不言致吾心良知之天理於事事物物，則事事物物皆得其理。夫以知識為知，則輕浮而不實。故必以力行為功夫。良知感應神速，無有等待，本心之明即知，不欺本心之明即行也，不得不言知行合一。此其立言之大旨不出於是。而或者以釋氏本心之說，頗近於心學。不知儒釋界限，只一理字。釋氏於天地萬物之理，一切置之度外，更不復講，而止守此明覺。世儒則不恃此明覺而求理於天地萬物之間，所為絕異。然其歸理於天地萬物，歸明覺於吾心則一也。向外尋理，終是無源之水，無根之木。總使合得，本體上已費轉手。故沿門乞火，與合眼見闇，相去不遠。先生點出心之所以為心，不在明覺而在天理。金鏡已墜而復收，遂使儒釋疆界，渺若山河。此有目者所共睹也。試以孔孟之言證之。致吾良知於事物，事物皆得其理。非所謂「人能弘道」乎？若在事物，則是道能弘人矣。告子之外義，豈滅義而不顧乎？亦於事物之間，求其義而合之，正如世儒之所謂窮理也。孟子胡以不許之，而端必歸之心哉？嗟乎！糠粃眯目，四方易位，而後先生可疑也。隆慶初，贈新建侯諡文成。萬曆中 (1584) 詔從祀孔廟，稱先儒王子。❷

---

❷　王陽明前妻諸氏，無子。1516 年，認族親正憲為子。1526 年，繼室張氏生子正億，1568 年，襲新建伯爵位。

第一章 「王學」的前驅:
總論宋明理學

一、引言

　　王陽明屬於中國哲學思想史。研究王陽明,離不開他生前與生時的思想背景與環境。因此,在細說陽明的生平、著述、思想之前,有必要去返述整個宋明理學的產生與展開。

　　筆者認為,宋時的理學是儒家學者,受佛老思想的激動,而擯棄陳舊的傳經、注疏學,重新在《論》、《孟》、《學》、《庸》四書中,尋求義理而興起的。它的以四書代五經,以義理替訓詁的方向,得自唐代的韓愈、李翺;以太極、性與心、理與氣為論學範疇的決定,則來自北宋四家,與南宋集大成的朱熹。筆者稱之為「宋學」,以別之於後起的「明學」。

　　理學的最深層面,是成聖的肯定。一方面,給魏晉以來的「聖人可學不可學」問題,作最後的答覆;另方面,也表現大乘佛教對於眾生的慈悲的影響。「聖人可學」既是宋儒一致的意思,「如何成聖」便成為研討問題。朱熹與陸九淵的分歧,在於進學或修身的先後重要性。

　　「明學」承繼「宋學」留下的問題:如何成聖。王陽明提出

「致良知」即是成聖方法。但是這方法牽涉哲理：人心成為萬事的準則，而這新得的準則，有犯於正統「宋學」的遺教。王陽明思想的展開，因此也影響儒家的開放，與人心的解放（當然，「宋學」與「明學」的名稱，只是為方便而用，並無以性理學籠括宋、明學術之意）。

二、「宋學」

⑴佛老的關係

中國思想史上，時有「正統」與「異端」之爭。《孟子》目楊朱、墨翟為「無父無君」；後來的儒家，也以相似的理由，反對佛與老，並合稱為「二氏」。「佛」指來自印度與中亞細亞的佛教，「老」則是道家哲學與鍊金丹、求長生的道教的通稱。到了宋代，道家已受佛家（尤其禪宗）吸收，而失去其獨立性。道教則本身受佛教影響，講究「內修」以求在心內「鍊丹」。這種佛老俱有內省方向，對於儒家，也有其刺激性，宋明理學，即在這環境中產生。

至於佛教，自從僧肇 (374–414) 以老莊思想解釋「空論」以來，也與中國思想發生密切關係。到了唐朝盛世，更產生對於「宋學」最有意思的形上哲學與心性論。前者尤其來自華嚴宗，後者則來自受其影響的禪宗。根據華嚴，形而上的「本體世界」亦稱「理法界」，形而下的「現象世界」，則稱「事法界」。「本體」亦稱「真心」。真心只一，現象為多。就一方面說，本體不離現象，真心包羅萬物；即是「一即多，多即一」或「一即一切，一切即一」的意思，亦稱「理事無礙法界」。另一方面說，現象各具真

心；一塵一毫，亦無欠缺，諸法互攝，不相妨礙；亦稱「事事無礙法界」。❶這體系中的「理」與「事」二界，對於宋儒發揮的「理」「氣」說，固有所作用。

　　唐武宗滅佛 (845) 後，各宗衰落；惟禪宗與淨土宗尚盛。禪宗稱為「教外別傳」，謂除佛經之教外，尚有「以心傳心，不立文字」之法。禪宗認為自身可以直溯釋迦佛，傳至菩提達摩乃至中國。達摩傳法於慧可，慧可傳於僧粲，僧粲傳道信，道信傳弘忍 (675 年卒)，是為五祖。五祖後禪分南北二宗；北宗以神秀 (706 年卒) 為六祖，南宗以慧能 (713 年卒) 為六祖。❷南宗主頓悟，北宗主漸修。南宗所傳之《六祖壇經》，以神秀之偈：

　　身是菩提樹，心如明鏡臺，
　　時時勤拂拭，勿使惹塵埃。

對慧能之偈：

　　菩提本無樹，明鏡亦無臺，
　　本來無一物，何處惹塵埃？❸

---

❶　關於佛教思想背景方面，參看馮友蘭《中國哲學史》(上海，商務，1935) 第八章。四世紀末、五世紀初的僧肇之《肇論》是劃時代性的著作 (《大藏經》大正版，第 1858 號)，至於華嚴思想，可見於其五祖，唐、澄觀《華嚴法界玄鏡》卷上 (見上，第 1883 號，672 頁)，六祖，唐、宗密《注華嚴法界觀門》(見上，第 1884 號，684-690 頁)。兩人皆八、九世紀人。

❷　宋、道元《景德傳燈錄》卷三，《大藏經》第 2076 號，215-217 頁。

❸　以鏡比心之喻，《莊子・應帝王》即有；《肇論》亦用之；但本文出自宋、宗寶《六祖大師法寶壇經》(一)，《大藏經》第 2008 號，349

故南宗立「無念為宗，無相為體，無住為本」。❹宋明理學家好用之禪語，也多得之於《六祖壇經》。至於「悟」字，與求悟的功夫，更是佛教遺給儒家的志趣。

佛老「二氏」之第二，即「老」，是道家哲學與宗教的通稱。為宋明理學而說，「老」字尤指道教。佛道兩教，曾有過對立抗爭，也有過調和混同的現象。基本上說，佛求解脫，道求長生；兩者對於人生的評價，似是全異。實際上說，道教深受佛教影響；尤其「全真派」的道士，可說是「僧侶化」，專以靜坐養氣，修鍊「內丹」為主。禪宗主「心」，又說「傳心」；全真派的道教主「性」，又重「秘傳」與「口訣」。❺北宋時，「紫陽真人」張伯端（平叔，西元十一世紀人），為道教全真派南宗之祖，自述得訣於異人，撰《悟真篇》以發明內丹之道。並言丹藥即在人身，不須爐火鍊之，因為「人人本有長生藥，自是迷途枉擺拋」。❻張伯端又在書後添序，簡述其意：

> 世人執其有身，而悅生惡死；黃老乃以修生之道，順其所欲而導之……故《道德》《陰符》之教，盛行於世。然其言隱而理奧；學者雖諷誦其文，皆莫曉其義。若不遇至人，授之口訣……終莫能著其功。❼

頁。筆者選用北宋版書，以應研究宋明理學的需要。此書比唐本（法海記本）長。

❹ 同上，353 頁。參看久須本文雄《宋代儒學の禪思想研究》（名古屋，日進堂，1980），第一章。

❺ 參看孫克寬《宋元道教之發展》二冊（臺中，東海大學，1965–1968）。

❻ 參看《紫陽真人悟真篇三註》，《道藏》第 141 號，卷一，20 頁。

此書成為道教要篇，又多集註釋。宋、明理學家亦有閱之。王陽明詩集與語錄，都提及《悟真篇》。

(2)化經學為理學

佛老思想的普及，引起儒家的反感。唐時既恢復大一統，又刊行《五經正傳》，表示思想亦須統一。可是人心久尚哲理，不易轉向訓詁註疏之繁。儒家的新任，是化經學為理學。

可是，經學如何化成理學？為達到目的，第一步，是確定方向。佛老思想受人歡迎，尤其因為它們對於宇宙之形成，萬物之造化，人生之意義，與心性之探討方面，提出哲理性的解釋，而得彌補專重人倫道德的原始儒家之不足。再者，漢唐的儒學，以訓詁為主，其研究對象則是具有複雜內容之《易》、《詩》、《書》、《禮》、《春秋》諸經。訓詁學不得不集中精神於文字之雕鑿；而因小失大，忽視經典廣義。宋明理學既得展開，首先是以義理之探討，代替前代的考據學問，並以哲理較深的《論語》、《孟子》以及《大學》、《中庸》四部小書，加上《易經》的〈繫辭〉，來代替範圍廣大的五經，作為學習對象。所以理學之產生，可說是漢唐注疏之學的反動。而理學家的目的，是撇開歷代的傳注，直接探討四書所載的「孔孟心傳」。不過，他們別開新局面的名義，卻是恢復儒家的道統，擯棄佛老的異端。❽

唐代的韓愈（昌黎 768-824），首揚正統儒學旗幟，他以發明「原道」自任，遙承古聖所傳之仁與義：

---

❼　見上。參看〈後序〉卷一，20頁乙—21頁甲。

❽　參考馮友蘭《中國哲學史》，第十至十四章。岡田武彥《宋明哲學序說》（東京，文言社，1977）。

博愛之謂仁。行而宜之之謂義。由是而之焉之謂道。足乎
己無待於外之謂德。**❾**

宋明理學也稱「道學」，就來自韓愈的〈原道〉。韓愈直溯上
古以復〈原道〉，強調「斯吾所謂道也。非向所謂老與佛之道也。」
因此立「道統」之意：

堯以是傳之舜，舜以是傳之禹，禹以是傳之湯，湯以是傳
至文武周公，文武周公傳之孔子，孔子傳之孟軻，軻之死，
不得其傳焉。**❿**

韓愈以為儒家的道統，至孟子而中絕，後來又被佛老奪志。
他自己不顧流俗，奮然闢佛，認佛來自方外，並非中國先王之教
化：「佛有夷狄之一法耳……上古未有也。」佛氏引人出家修行，
廢棄倫常，「不知君臣之義，父子之情。」不事生產，徒為民害。**⓫**
韓愈又擯棄專事虛飾的駢文，而提倡樸實無華的古文，以為「載
道」之器。這是為理學舖路之功；無怪朱熹說：「原道，其言雖不
精，然皆實大綱是。」**⓬**

韓愈另作〈原性〉篇，明辨性與情、善與惡之相互關係，也
是儒家提倡《孟子》，對抗佛法的一先聲。**⓭**韓愈弟子李翱（習
之，798 年進士）又進一步，作《復性書》。李翱說：

---

❾ 〈原道〉，《韓昌黎全集》卷十一（1809 版，臺北，新興，1970），
196 頁。

❿ 見上，199 頁。

⓫ 〈論佛骨表〉，《韓昌黎全集》卷三十九，497–499 頁。

⓬ 《朱子語類》卷一百三十七，17 頁甲。

⓭ 〈原性〉，《韓昌黎全集》卷十一。

人之所以為聖人者，性也；人之所以惑其性者，情也。喜怒哀懼愛惡欲，七者皆情之所為也。情既昏，性斯匿矣……情不作，性始充矣。❹

這是以《禮記・中庸篇》論情之說，為思考對象。李翱又引《易經・繫辭》之「何思何慮」語，以發揮恢復本性之義；再用「明」、「覺」等字，援佛入儒：

聖人既復其性矣，知情之為邪，邪既為明所覺矣，覺則無邪。❺

所以朱熹也說：「李習之在唐人特然知《中庸》之為至，亦不可多得，然其所論，實本佛老之說。」❻

宋代義理之學若以四書為本，實得之韓、李；排佛闢老之事，也自韓愈開始。但是吸取佛老之精髓，卻是效法李翱。後來明朝王陽明激起「三教一致」論，也可以在此處見緒。再者，理學若是儒與佛（尤其禪）的調和，也因為有思之士不願埋身經義，單以科舉為升官求祿之途；故課餘多讀佛老書，交僧道遊，這可說是宋明諸大儒皆有的經歷。❼

宋代義理之學，追求經書廣義的目的，是為「復道」、「明道」。這是《大學》之「道」，分有三條（明明德、親民、止於至

---

❹　《復性書》上，《李文公集》（四部叢刊本）卷二，5 頁甲。

❺　見上，12 頁乙。

❻　〈答呂伯恭〉（三十一），《朱子大全》（四部備要本）卷三十三，22頁甲，呂伯恭即呂祖謙。

❼　常盤大定《支那に於ける佛教と儒教道教》（東京，東洋文庫，1930），169–179 頁。

善）八目（格物、致知、誠意、正心、修身、齊家、治國、平天下）。這也是《中庸》之「道」：

> 天命之謂性，率性之謂「道」，修「道」之為教。「道」也者，不可須臾離也，可離，非「道」也。是故君子戒慎乎其所不睹，恐懼乎其所不聞。莫見乎隱，莫顯乎微，故君子慎其獨也。⓲

以上的話，述出「道」之可貴，與其所求於人的心態。至於「道」之本身，為儒家而說，仍歸五倫：夫婦、父子、君臣、兄弟、朋友。除此以外，義理之學，亦求「見」於「隱」，「顯」於「微」，特倡「性」與「理」。「性」字固來自《中庸》，「理」字則得自佛家。因此亦稱「性理學」，簡稱「理學」。

⑶理學的成長

宋學即是理學，亦稱「道學」。其產生與發展，是中國思想史上一大事。宋儒發明宇宙蘊奧，溝通天人之際，廣論萬物化生，精議心性之密與善惡之發；其氣象宏偉，實不容否認。宋儒固以朱熹為中堅；而朱熹本人特崇北宋五子：周敦頤（濂溪 1017-1073），邵雍（堯夫），張載（橫渠 1020-1077），與程顥（明道 1032-1085），程頤（伊川 1033-1107）二兄弟。周、張二人，樹立宇宙論基礎；二程與張氏，同倡心性論。邵氏則獨樹一幟，專研象數學；但是其說卻通於周說。朱熹（晦菴 1130-1200）興於南宋，得呂祖謙（東萊 1137-1181）之助，編撰《近思錄》

⓲ 《中庸》第一章，參看楠本正繼《宋明時代儒學思想の研究》（千葉縣，廣池學園，1963），6-8頁。

(1175)，力推周、張、二程。此四家終入其道統之系列。

　　周敦頤，湖南人，世稱為「濂學」之開導。著有《太極圖說》，此圖來自道士圈子，乃方士修鍊所用，原稱「無極圖」。周敦頤以哲理解圖，先以「無極而太極」為宇宙之起源，又以動靜分陰陽兩儀，而以陰陽與五行（木火水金土）之相互作用，述說乾、坤二道，以及萬物之化生。又說：「惟人得其秀而最靈」，以人比太極，人之形神比陰陽，「五性」比五行，解說善惡之發，萬事之出。繼而：「聖人定之以中正仁義而主靜，立人極焉。」❶⓽

　　周敦頤又著《通書》，以《中庸》的「誠」說，為聖之本；以道家之「無為」論「誠」，而以佛家之「無欲」，為成聖之道：

> 聖可學乎？曰：可。曰：有要乎？曰：有。請聞焉。曰：一為要。一者，無欲也。❷⓪

　　周敦頤主靜，主無欲，實偏於佛老。朱熹雖取太極說，卻認為周氏之「無欲」，「話頭高，卒急難湊泊。」王陽明則無意於獨立的宇宙論，並以心攝太極；但是也嚮往周氏的「胸懷灑落，如光風霽月。」❷⓵

　　周敦頤之後為張載。張載關中人，是「關學」之開山祖。著《正蒙》、《西銘》、《理窟》、《易說》等書。其學的：「為天地立心，為生民立命，為往聖繼絕學，為萬世開太平。」❷⓶《正蒙》說

---

❶⓽　周敦頤〈太極圖說〉，見《周子全書》卷一，3-8頁。筆者用的，是岡田武彥主編的《和刻影印・近世漢籍叢刊》內的《周張全書》（上）（臺北，中文出版社，1972）。

❷⓪　〈聖學〉第二十，《周子通書》（四部備要版），4頁乙。

❷⓵　〈道學傳〉第一，《宋史》（開明版）卷四百二十七，1097頁甲。

「太和」為道。而以「太虛」為天地之氣，❷與周氏之「太極」有可溝通處。《西銘》則以乾坤為宇宙雙親，以人物為己身之兄弟；力言事親之道，並推己及人，兼說尊長慈幼，愛及天下之「疲癃殘疾惇獨鰥寡」❷者之義。

《西銘》以萬物為一體，暢言博愛，援佛老入儒。對於朱熹與王陽明，皆深有影響。謹述數句名言於下：

> 乾稱父，坤稱母，予茲藐焉，乃渾然中處。故天地之塞吾其體，天地之帥吾其性。民吾同胞，物吾與也。❷

至於邵雍，原籍河北，卜居洛陽四十年，終身未仕。其學多得於道教。著有《皇極經世》等書。其象數學出自《易經》八卦之數理，有功於宋學之宇宙論。邵氏也推論人世之盛衰興亡，創意「會、元、運、世」的宇宙循環說。他也論心性，說慎獨；並以聖人之心為修身成物之最高標準：

> 聖者，人之至者也……謂其能以一心觀萬心，一身觀萬身，一世觀萬世焉。❷

邵雍的學問，對於儒（理學）與道教，都有承先啟後的作用，朱熹對他，雖然尊重，卻不入於「道統」。❷

---

❷ 〈性理拾遺〉，見《張子全書》（四部備要版）卷十四，3頁。

❷ 〈太和篇〉第一，《正蒙》，《張子全書》卷二。

❷ 〈西銘〉，《張子全書》卷一，3頁乙。

❷ 同上，卷一，1-3頁。

❷ 邵雍〈觀物篇〉（五十二），《皇極經世書·緒言》（四部備要版）卷五，5頁乙。

　　北宋多人才。程顥、程頤二兄弟，河南洛陽人，是周敦頤的學生，張載的親戚。二程專講心性，與周、張兩人，同創性理學。二兄弟似同而異。大程給「仁」字生生之意，並教學者「識仁」：

> 學者須先識仁。仁者渾然與物同體……識得此理，以誠敬存之而已。❷❽

　　「識仁」是與萬物同體，即是對外的。「定性」則是求情欲之不流於惡，而順萬物自然之意；是對內的：

> 所謂定者：動亦定，靜亦定；無將迎，無內外。苟以外物為外，牽己而從之，是以己性為有內外也。……
> 與其非外而是內，不如內外之兩忘也。兩忘則澄然無事矣。無事則定，定則明，明則尚何應物之累哉。❷❾

　　「識仁」與「定性」，似來自《孟子》，但有佛老影響。尤其「定」字，近乎佛家的「入定」。事實上，二程皆曾學佛；小程的靜坐功夫，特別用力。

　　程頤的援佛入儒，也可見於他的理氣二元論。他說「道」與「理」屬形而上界；「氣」與陰陽，則屬形而下界。這類分析，酷似華嚴宗講的「理事無礙論」。不過小程說「性即理」，而理「無有不善」，所以性亦是善的。這是他用「理」說性善，以解釋《孟

---

❷❼　朱熹未入邵雍於《近思錄》。陳榮捷說，一方面因為邵氏少談儒家基本問題（即道德論），另方面因他道家氣味太濃，見〈朱子之近思錄〉，《朱學論集》（臺北，學生，1982），126 頁。

❷❽　〈識仁篇〉，見《二程全書・遺書》（四部備要本）卷二上，3 頁。

❷❾　〈答橫渠先生定性書〉，《二程全書・明道文集》卷三，1 頁甲。

子》的表示。他也引張載哲學，用「氣」說惡之由來，立〈才氣論〉：「才稟於氣，氣有清濁，稟其清者為賢，稟其濁者為惡。」**㉚**可見他將得自佛學的概念，加以改造，來解釋《孟子》的性善說。

小程比大程長壽。他的思想體系，也比較完整。他的修養法，在乎十字：「涵養須用敬，進學在致知。」**㉛**這是他綜合《中庸》所說的「君子尊德性而道問學」**㉜**的方法。只是他的「敬」字，雖可說是出於《易》與《論語》，卻特別近乎禪宗。一日，有二弟子去見程頤時，他正瞑目靜坐。二人不敢出聲。久之，程頤才開口：「日暮矣，姑就舍。」二人退時，見門下雪深已尺餘。**㉝**

不過二程雖有所得於佛教，卻也排佛。其中以程頤猶力。他們大致說佛以宇宙人生為妄，只知「覺」，不知仁義，又絕倫類，厭世事。**㉞**宋學後即循此「排佛論」。

二程的講學與待人，都有所不同。大程主仁，性和氣，平易近人。小程主理，性嚴謹，誨人不倦。根據《年譜》，程頤任宮中講官時，多有諫君之言；哲宗也無可奈何。**㉟**

程顥重生生之氣，主識仁；近氣一元論，偏於「尊德性」一面。程頤重理性，立理氣二元論；又以窮理求致和，偏於「道問學」。朱熹多取於小程，陸九淵（象山 1139–1193）與王陽明則較

㉚ 《二程全書・遺書》卷十八，17 頁乙。（同卷 10 頁乙，提及《華嚴經》「理事」說。）

㉛ 見上，5 頁乙。

㉜ 《中庸》第二十七章。

㉝ 《宋元學案・伊川學案》上，卷十五（臺北，世界，1961），343頁。

㉞ 《二程全書・遺書》卷十五，5–7 頁。卷十八，10 頁乙。

㉟ 《二程全書・遺書附錄》9–10 頁。

近大程。性理學終於分為兩派，即是程頤、朱熹的「理學」，與陸九淵、王陽明的「心學」。但是這名稱，也有其不妥處；因為程朱亦講「心」，陸王亦講「理」。「道統」即是「傳心之學」，而重理性的「理學」這名詞的廣義與現代的「哲學」又非常接近。

朱熹同時繼承周、張、二程；並平均發揮宇宙論，本體論，心性論，與實踐論，以集其前人之大成。朱熹認周氏之太極為「理」，即是總天地萬物之大理；而不忘物物皆有局部性的小理，換句話說，太極之理，是「一理」，物物之理，是「萬理」。理一而萬殊，所以人人，物物，亦有其小「太極」。而太極即是自然與道德之最高範疇。「人人有一太極」即表示人心皆有道德意識，與道德規範。人性皆是向善的，所以人人皆可學聖成聖。❸⑥

朱熹又援「氣」入理；再借理氣二元論，以解釋「性」與「心」之區別：

> 天地間有理有氣；理也者，形而上之道也；生物之本也。氣也者，形而下之器也，生物之具也。是以人物之生，必稟此理，然後有性，必稟此氣，然後有形。❸⑦

又說：「性便是心之所有之理；心便是理之所會之處。」情是心之動；心則統性與情。❸⑧

朱熹又發揮其得於張載、程頤的「才氣論」，以解釋惡之由來：

❸⑥ 《朱子語類》卷九十四（臺北，正中，1970），6頁甲。
❸⑦ 〈答黃道夫書〉，《朱子大全》卷五十八。
❸⑧ 《朱子語類》卷五，6頁甲—9頁。

人物所禀形氣不同，故其心有明暗之殊。而性有全不全之異。❸⑨

所以「此心之靈，其覺於理者，道心也。」而「其覺於欲者，人心也。」❹⓪他稱前者為「天地之性」，後者為「氣質之性」。

朱熹的道德與實踐論，皆建於其理氣二元的本體論上。他引程頤語，力主「涵養須用敬，進學在致知」；以變化氣質為學的。「涵養」即指存心養性，「敬」是收斂身心，不許放縱之意。進學與「致知」則指《大學》之「格物」說。❹①

朱熹作《大學章句》與《中庸章句》。以《大學》記古聖人設校教學生（十五歲以上）之法。並沿程頤之義，分此書為「經」與「傳」，以前部份之二百餘字，講所謂「三條八目」者，為孔子之言，曾子之述，即「經」。其後之文，則為曾子之意，其門人所述，作為解經之「傳」，並詳細分為十章。除此以外，朱熹又承程頤說，改「經」之「親民」字為「新民」。又以其所定之第五章「此謂知本，此謂知之至也」為過短，而斷自為之補傳加言，論「致知在格物」之義，即是「即物而窮其理」等等。這是了解程朱「格物說」之前，必須先知道的。這也是以後王陽明與朱熹持有異議的發端處。現在謹錄朱熹「補傳」中之「窮理」一句：

是以《大學》之始教，必使學者即凡天下之物，莫不因其已知之理，而益窮之，以至乎其極。❹②

❸⑨ 〈答徐子融〉，《朱子大全》卷五十八，13 頁甲。

❹⓪ 《朱子語類》卷六十二，8 頁甲。

❹① 《朱子語類》卷十二，13 頁乙。

❹② 《大學章句》第五章，見《四書集注》（四部備要本），5 頁甲。

這也是朱熹援「理」入「學」的地方。再者，朱熹一方面退五經，尊四書；另方面為四書作傳註。無怪陸九淵與王陽明說他仍是「訓詁」。

朱熹的《中庸章句》，與他的實踐學說，也有很深的關係。朱熹固沿程頤義，以此篇所載為「孔門心法」，分為十一部：第一章記孔子孫子思所傳之意，其餘十章則述子思引孔子言以伸首章之含義。❹❸

《中庸》首章論「道」時，也說「性」，並有「君子戒慎乎其所不睹，恐懼其所不聞」以「慎其獨」的警誡。再繼之以「情」說，即所謂「未發」「已發」說：

> 喜怒哀樂之未發，謂之中；發而中節，謂之和。中也者，天下之大本也。和也者，天下之達道也。致中和，天地位焉，萬物育焉。❹❹

這也是宋明理學家至多發論之處。即所謂「中和說」，又是貫通人之性與情，與天地萬物之化育的根據所在。朱熹初認「性」為「未發」之靜，「心」為「已發」之動，並用之以解釋「中」與「和」。經過多年的苦思，與屢次的變更，他的「中和說」，終於改貌。並另外借「體」與「用」的概念，闡說兩種「心」境：

> 心者，固所以主於身，而無動靜語默之間者也。然方其靜也，事物未至，思慮未萌，而一性渾然，道義全具。其所謂中，是乃心之所以為體，而寂然不動者也。及其動也，

---

❹❸ 《中庸章句》第一章，見《四書集注》，2頁甲。

❹❹ 見上。

事物交至，思慮萌焉，則七情迭用，各有攸主。其所謂和，是乃心之所以為用，感而遂通者也。**❹**

朱熹勤學不倦，作《論語》《孟子》之集注，《大學》《中庸》之章句；在《語類》《文集》《或問》等書內，亦積極推崇此四書。學餘亦習靜坐，便如程頤一般；闢佛也不遺力。又定新道統論，述《書經·大禹謨》十六字，講人心道心之義。謹錄之於下：

人心惟危，道心惟微；惟精惟一，允執厥中。**❹**

此十六字實併合《荀子·解蔽篇》與《論語·堯曰》第二十所述。理學家認為「允執厥中」是堯傳舜之語；「人心之危，道心之微」則是《荀子》述古佚書《道經》之言；理學家稱為是舜傳禹之語。

程頤以「天理」「人欲」分別解「道心」與「人心」。朱熹則以兩者皆為「人心」之兩面。朱熹解釋「十六字」說：

心者，人之知覺，主於身而應於事物者也。指其生於形氣之私者而言，則謂之「人心」，指其發於義理之公者而言，則謂之「道心」。人心易動而難反，故危而不安。義理難明而易昧，故微而不顯。惟能省察於二者，公私之間，以致

---

❹ 〈答張欽夫書〉第十八，《朱子大全》卷三十二，24頁乙—25頁甲。張欽夫即張栻。

❹ 此十六字出自偽《古文尚書》。朱熹固已疑之，但是閻若璩 (1636-1704) 始證其偽。見閻撰《古文尚書疏證》(1889版) 卷十三，1，10頁 (於王先謙編《皇清經解續編》內)。參看《尚書正義》(四部備要本) 卷四，5頁甲。

其精，而不使其有毫釐之雜；持守於道心微妙之本，以致
其一，而不使其有頃刻之離；則其日用之間，思慮動作，
自無過不及之差，而信能執其中矣。❹

他又力推其為古聖人傳心之言。在《中庸章句》序內，極言「道
統」說：

自上古聖神，繼天立，而道統之傳有自來矣。其見於經，
則「允執厥中」者，堯之所以授舜也。「人心惟危，道心惟
微，惟精惟一；允執厥中」者，舜之所以授禹也……自是
以來，聖聖相承……既皆以此而接夫道統之傳。❹

這十六字，雖出自朱熹心疑為偽的《古文尚書》一章，卻在
他的鼓吹之下，成為宋明理學近千年來的簡明信條。因它字簡而
義泛，人皆能取之而以己義別作闡說。總之，「道心」固代表堯、
舜等古聖人傳心之教。但是朱熹也肯定「道統中斷」說；認為孔
子傳顏子、曾子，然後再傳子思、孟子兩代之後，此學即失傳共
一千四百餘年。到了北宋之周、張、二程，才得重新發明。朱熹
既受學於李侗（延平 1093–1163）也得之二程之後。❹

⑷朱陸不同

但是朱熹生時，雖已享有盛響，也不能稱雄一世。一方面，
當時的庸儒為他作梗，誣他教偽學。另方面，與朱熹同時的陸九

---

❹ 論〈大禹謨〉，見《朱子大全》卷六十五，19–20 頁。
❹ 〈序〉，見《四書集注》本，1 頁甲—2 頁甲。
❹ 參看陳榮捷〈朱熹集新儒學之大成〉，《朱學論集》，1–35 頁。

淵，與他思想不同，幾乎建立相對之體系。陸氏江西人。十三歲
時，有志為古人之學。《年譜》說他讀古書至「宇宙」二字，「忽
大省」宇宙與心相通之理，而說：元來無窮。人與天地萬物，皆
在無窮之中者也。❺⓿

這似是他「得悟」的一年。《年譜》又載他的話：

> 宇宙便是吾心，吾心即是宇宙。東海有聖人出焉；此心同
> 也，此理同也。西海有聖人出焉；此心同也，此理同也。
> 南海北海有聖人出焉；此心同也，此理同也。千百世之上
> 至千百世之下，有聖人出焉；此心此理，亦莫不同也。❺❶

他說的，固是「道心」。他終於以「心即理」說，反對朱熹的
「性即理」。曾有人問他「如何是本心?」時，他曾引《孟子》的
「四端」為答：

> 惻隱，仁之端也。羞惡，義之端也。辭讓，禮之端也。是
> 非，智之端也。此即是「本心」。❺❷

問者未曉，但是繼續行公事，事後又問。陸九淵說：「聞適來
斷扇訟；是者知其為是，非者知其為非，此即⋯⋯本心。」❺❸
問者大覺，他就是陸氏大弟子楊簡（慈湖 1141–1226）。而這

---

❺⓿　《年譜》，見《象山全集》（四部備要本）卷三十六，3 頁乙。牟宗三
　　稱之為「原初的洞悟」。見《從陸象山到劉蕺山》（臺北，學生，
　　1979），26–27 頁。

❺❶　《年譜》，同上。

❺❷　見上，卷三十六，7 頁甲。

❺❸　同上。「斷扇訟」指楊簡正為富陽主簿，因斷賣扇者訟，覺其是非。

次「禪式」問答與覺悟，也是陸九淵教學法之一例。楊簡事後說過自己的體驗；述他因陸氏言，

> 忽覺澄然清明，應用無方，動靜一體。乃知此心本靈、本神、本明……奚獨簡心如此？舉天下萬世人心皆如此。(54)

朱熹講學時，廣述四書；又因四書多引《詩》《書》之語，所以雖「退」五經於四書之後，而不忘其說。陸九淵則本乎《孟子》，直指本心：

> 四端者，即此心也。天之所以與我者，即此心也。人皆有是心，心皆具此理。心即理也。(55)

陸氏不多讀書，更少著述。他的修養法亦甚簡單。只要「收拾精神，自作主宰，萬物皆備於我。」(56)這也是「宇宙即吾心，吾心即宇宙」的意思。

朱與陸曾有鵝湖之會 (1175)。會時討論教人之法。朱熹要人先博覽群書，而後歸之於約；陸九淵則堅持，要發明人之本心，其後可使博覽，這尤其是次第問題。朱熹認為陸氏教人太簡，陸九淵反責朱熹過重傳註，有支離之病。會時陸九淵又以詩表意：

> 易簡功夫終久大，支離事業竟浮沉。欲知自下升高處，真偽先須辨古今。(57)

---

(54) 〈陸象山先生全集序〉，見《象山全集》卷首。

(55) 〈與李宰書〉，《象山全集》卷十一，6頁甲。

(56) 《象山全集》卷三十五，18頁甲。

(57) 《象山全集》卷三十四，24頁乙，「易簡」出自《易傳》。見《周易正義》（四部備要本）卷七，2–3頁。

朱熹聞詩，初則「失色」，後則「大不懌」。朱陸論辨時，陸
九淵又說：「堯舜以前，何書可讀?」❺❽

陸九淵引《易經・繫辭》的「易簡」來言修身功夫。他指的，
是「存心養性」。他的意思，是叫人先「立心」，然後以心明理，
以心解書。所以他也說：「學苟本，六經皆我註腳。」❺❾

數年後，陸九淵訪朱熹於南康，應邀在白鹿洞書院講學。他
取《論語・里仁》第四（十六）「君子喻於義，小人喻於利」語。
並叫人「切己觀省」，以「辨志」。他強調科舉之得失，不能分君
子小人。「專志乎義而勉焉……由是而仕……而不為身計，其得不
謂之君子乎?」❻⓪

聽者感動於心，竟至淚下。朱熹便刻「講義」於石，以誌不
忘。事後朱熹又說：

> （陸）子靜來南康，熹請說書，卻說得這義利分明，是說
> 得好。如云：「今人只讀書便是利，如取解後，又要得官；
> 得官後，又要改官。自少至老，自頂至踵，無非為利。」說
> 得來痛快，至有流涕者。❻①

可見朱與陸都是聖學的同道。不過朱熹承認，陸氏專以尊德性教
人，故遊其門者，多踐履之士。而朱氏則多說「道問學」，所以門
人在踐履方面「多不及之」。❻② 陸王與朱熹的相異，皆本於此。至

❺❽ 《年譜》，《象山全集》卷三十六，9頁乙。

❺❾ 《象山全集》卷三十四，1頁乙。

❻⓪ 見上，卷二十三，1–2頁。

❻① 見上，卷三十六，10頁乙。此言出自朱熹與黃道夫所說。參看卷二
　　十三，2頁乙－3頁甲。

於朱陸以佛老影響互攻；實則兩方皆有，只是份量方面，陸比朱多得於禪宗，朱比陸多得於道教。

三、「明學」

「宋學」與「明學」，雖各有異；程朱之學，早在元仁宗時 (1313) 已成國家科舉試士之取捨標準。明時襲其制，專以朱熹之《四書集注》與程頤之《易傳》等書為命題出本。又規定學者答題，必用體用排偶之八股文。❻❸明成祖又敕胡廣等纂修《五經大全》《四書大全》《性理大全》，皆採輯宋元理學家所述。程頤、朱熹之思想，在其生後，終於成為儒家正統；反程朱者，即反對朝廷所定之學術權威。不過，人若為求仕而習儒，則難有自得之學。無怪明之大儒，有避世不仕者，有不齒以登第入仕為人生目的者。明初，成祖篡位 (1402)，殺大儒方孝孺九族，對於這方面，也有消極影響。❻❹

王陽明學說，出自如此背景。明代理學，既是「宋學」之延續，又有本身的發展。一方面，程朱之學，確是當時的「官學」；另方面，學者的思想不堪約束，寧以自然代誦習，以心代理，而

---

❻❷ 《象山全集》卷三十四，4 頁乙—5 頁甲。

❻❸ 〈選舉志〉，《明史》（開明本）卷六十九至七十一。參看顧炎武《日知錄集釋》（四部備要本）卷十六，卷十八。

❻❹ 明史方面的權威（已故）房兆楹先生，研究明儒吳與弼與其父之書信往來，認為吳與弼之終生不仕，亦與明初政治有關。略見《明儒學案》英文選譯本內之吳與弼傳註解 (Julia Ching, ed., *The Records of Ming Scholars*, University of Hawaii Press, 1987)，75–76 頁。

開創思想史上的另一頁。

　　中國思想史上若是沒有朱熹，也不會有王陽明。這不是說，陽明思想得自朱熹；而是說，陽明思想，是他給程頤、朱熹所建立的宋朝理學體系的反應。讀陽明書，即可知他偏重程顥，又以陸九淵為先驅。

　　可是王陽明也受明學的影響。明時的儒學與宋代不同；重實踐而輕理論；講學求得「頭腦」，或「宗旨」，又偏重心性，少講宇宙。所以黃宗羲著《明儒學案》，說：

> 有明文章事功，皆不及前代；獨於理學為前代所不及。繭絲牛毛，無不辨析；真能發先儒所未發。❻❺

《明儒學案》一書，推崇明儒的踐履精神；首之以終身不仕的吳與弼（康齋 1391-1469），繼之以吳門學生，陳獻章（白沙 1428-1500），胡居仁（敬齋 1434-1484），與婁諒（一齋 1422-1491）。王陽明曾問學於婁諒，其〈姚江學案〉又是《明儒學案》的核心所在。

　　明儒繼承宋學之得，又思其所未決題：聖人既然可學而至，成聖之方究竟在何？朱陸又為何不同？陳獻章提倡「靜坐中養出端倪」，並說：

> 終日乾乾，只是收拾此理而已。此理干涉至大；無內外，無終始，無一處不到，無一息不運。會此則天地我立，萬化我出，而宇宙在我矣。得此欛柄入手，更有何事？往古來今，四方上下，都一齊穿紐，一齊收拾。❻❻

---

❻❺　〈發凡〉，《明儒學案》（四部備要版），1 頁。

陳獻章的學說，以「自然」為宗，有所得於莊子。但是他的求學方向，實來自儒。而且從朱學入手，轉近陸學。這見於他反傳註，求用心的詩：

古人棄糟粕，糟粕非真傳……
至無有至動，至近至神焉……
吾能握其機，何必窺陳篇？
學患不用心，用心滋牽纏。
本虛形乃實，立本貴自然。……
後儒不省事，差失毫釐間。
寄語了心人，素琴本無絃。(67)

陳獻章一方面有陸九淵的餘韻，另方面引起王陽明的語音調。王陽明曾經問學於陳氏的同門，婁諒。又與陳門高弟湛若水（甘泉 1466–1560）交遊。陳氏固有師，但是其學貴「自得」。王陽明雖無師自學，但是與陳、湛皆有近處。不過陽明比陳、湛好「動」，這是我們以後會討論的事。

明學除吳與弼一派之外，亦有更近程朱格物學說者。比如薛瑄（敬軒 1389–1464），山西人，為「北學」之魁。著《讀書錄》，宗復性。黃宗羲說他「恪宗宋人矩矱」，並稱揚他晚年的詩句：「此心始覺性天通」。(68)再有與王陽明同時的羅欽順（整菴 1465–1547），江西人，著《困知記》，專言窮理知性。但與朱熹「理氣論」略有不同；並較朱熹重氣輕理，而以理附氣：

---

(66)　〈與林郡博〉，《白沙子全集》（1771 年版）卷四，12 頁。

(67)　〈答張廷祥書括而成詩〉，《白沙子全集》卷六，2 頁。

(68)　〈河東學案〉，《明儒學案》卷七，1–3 頁。

理果何物也哉？蓋通天地，亘古今，無非一氣而已。氣本
一也，而一動一靜，一往一來……循環無已。……有莫知
其所以然而然，是即理也。初非別有一物，依於氣而立，
附於氣以行也。⑥⑨

羅欽順不滿陳獻章之思想，以陳氏知心而不知性，故近乎禪
宗。羅氏與王陽明，亦辯「格物」說。但羅學對於朝鮮與日本的
理學，卻有其影響。⑦⓪

四、結　論

在結束宋明理學的總論之前，我們也應提出宋儒的思惟方法
問題，以便於與明儒作比較。

固然，我們的大題目，有關「成聖」的方法。但是研討、講
說成聖法時，也不可不涉及思想方法。既然朱熹與陸九淵都講聖
學，說道統，他們在思想方法上，有何不同？他們的方法異處，
對於後興的明學，又有何影響？

筆者認為，朱熹與王陽明的思想方法，都以直覺為主，推理
為輔。他們間的區別，在這方面，是份量問題。朱比王重「理」，
王比朱重「覺」。⑦① 朱熹不只多讀書，多傳註；他好思考，多疑
問；在尊四書之餘，也研讀五經。而且治經態度嚴正獨立，不取

---

⑥⑨　《困知記》，見《明儒學案》卷四十七，4 頁甲。

⑦⓪　參看日本學者阿部吉雄之〈羅欽順〉，《中國の思想家》（東京大學出
　　版社，1963），571–583 頁。

⑦①　參看賀麟〈宋儒的思想方法〉，《宋史研究集》，宋史座談會編（臺
　　北，中華叢書，1964），39–66 頁。

漢唐之注疏訓詁。他認《易》為卜書，《詩》有淫詞，《書》多偽作，《禮》則宜改，對於後世之經學，也有啟發的貢獻。王陽明則不是經學家。他直用陸九淵語，以經註「心」。他的學問之長，實是哲學。他以道德論，修身論為主，從淺入深，直探道德的「本體論」。這是本書要探討的題目。

　　再者，王學的前驅與其產生的背景，不能完全解釋王陽明的出現與其學說的特色。這也要看他的生平與性格，而他的學說，隨著他的一生而展開，又如何與他的性格不可分，卻是下一章的主題。

第二章 「狂者」的精神：學聖賢

鏗然舍瑟春風裏，點也雖狂得我情。❶

一、引　言

《論語・子路》第十三述：「子曰：不得中行而與之，必也狂狷乎。狂者進取，狷者有所不為也。」又〈陽貨〉第十七述：「子曰：鄉愿，德之賊也。」

《論語》提及四等人：中行、狂、狷、鄉愿。孔子認為中行者少，不能得而與之。鄉愿則可鄙。故願傳道於狂狷者。

「中行」者，即合乎中道人士。「狂」者「進取」，有急促意；「狷」者「有所不為」，似是迂遠拘泥，不切事理的意思。至於「鄉愿」，被稱為「德之賊也」。指「一鄉皆稱之原人」，即

> 同乎流俗，合乎汙世，居之似忠信，行之似廉潔，眾皆悅
> 之，自以為是，而不可與入堯舜之道。❷

❶ 〈月夜二首〉之二，見《王陽明全書》（二），204 頁。句中指孔子門人曾點，為夫子述志時，「鼓瑟希鏗然，舍瑟而作」，並說言願於春時，「浴乎沂，風乎舞雩」的瀟落意思。見《論語・先進》第十一，第二十五。

的偽君子，所謂「似而非者」。**❸**

　　《孟子》論孔子語，解釋「狂」意時說：「其志嘐嘐然。曰：
古之人，古之人。夷考其行而不掩焉者也。」又說：「何以是嘐嘐
也。言不顧行。行不顧言。」（〈盡心篇下〉三十七）並以琴張、曾
皙、牧皮輩，為「狂者」之例，**❹**指有急志學古人者。

　　朱熹的《論語集注》，引孟子言釋孔子語。又說，「孔子有意
裁」狂者，使成為中行之士；故進而述及《孟子》亦引述的《論
語·公冶長》第五，「子在陳曰：歸與歸與。吾黨之小子狂簡，斐
然成章，不知所以裁之」。

　　朱子釋「狂簡」意為：「志大而略於事也。」並謂孔子周遊四
方，欲行其道於世而不得。留陳時始知其終不用，故決意成就後
學，以傳道於來世；又不得中行之士為門生，退而思其次。以為
狂士志高意遠，猶或可進於道。但恐其過中失正，而或陷於「異
端」，故欲歸魯而「裁」之。**❺**

　　《論語·陽貨》第十七，分述「古」，「今」狂士特點。言「古
之狂也肆」，即不拘小節的意思。「今之狂也蕩」，即不受控制的意
思。〈微子〉第十八又述楚士接輿，佯狂避世，過孔子車前，歌嘲

---

❷　《孟子·盡心篇》下，第三十七。

❸　同上。

❹　琴張有謂即孔門弟子子張，即善琴者。其事見《莊子·大宗師》。牧
　　皮者，傳無載。曾皙即曾點，亦曾參父，父子兩人皆是孔門弟子。
　　參看朱熹《論語集注》，《四書集注》本，卷七，6頁甲。

❺　又見《朱子語類》，正中書局本，卷二十九，11-13頁。
　　牟潤孫曾撰文謂《論語》之所謂「狂簡」，實指妄著簡牘，與「狂
　　狷」不同，孟釋朱注皆誤。見〈釋論語狂簡章〉，《新亞學報》卷二
　　（1957年2月），79-86頁。

夫子，說他德衰，不識時而求用於世，未能獨善其身。

中國歷史，多以避世不仕，輕視庸俗的人，為「狂者」。魏晉時代有「竹林七賢」❻，以詩與放浪生活，著名於世。唐代有詩仙李太白，〈廬山謠〉中自述：「我本楚狂人」，在朝上酣歌縱酒，竟留下龍巾拭吐，御手調羹，力士脫靴，貴妃捧硯等等風流故事。

二、「狂者」精神

王陽明時以「狂者」自稱，陽明學的泰州學派，更為反對派譏為「狂禪」或「野孤禪」。「狂」字與陽明性格、學問，似有不解之緣，本章即以陽明的「狂者」性格為題，略述其生平與其思想發展蛻變。

陽明一生特色，即是好高騖遠，狂士表現。陽明所求，並非虛名，但也不是縱情享樂。當他十二歲時，即疑塾師語：「讀書登第是第一等事」，而改為「讀書學聖賢。」陽明以天稟之資，經書、詩詞、弓馬、兵法、道術，無所不學，無學不精。學問、事功與德業，全集於一身；實是歷史上少見的現象。其未入正史的事蹟，亦可見於當代留下的各種傳記，馮夢龍（墨憨齋，1655 卒）所撰《王陽明出身靖難錄》❼，即以平話體裁，述其英雄生平。此書既出自明季文人之筆，雖非全部可信，亦有參考價值。馮氏所述

---

❻ 即嵇康 (223–262)、阮籍 (210–263)、山濤 (205–283)、向秀（約 221–300）、王戎 (234–305)、劉伶（約 221–300），與阮籍子阮咸。

❼ 此書在臺灣有複印本（臺北，廣文，1968）。而且雖屬野史，頗受學者重視。日人島田虔次之《朱子學と陽明學》（東京，1967）即引之，見 123 頁。

陽明的性格，與正史的記載，亦互相證合。根據馮書所記的軼事，陽明早歲喪母，又不得庶母厚待，竟於十二歲時，心生一計。於街市上買得鴞鳥一隻，匿於庶母床被中。母發被時，鴞即衝出，遶屋而飛，口作怪聲。俗忌野鳥入室，況鴞更為不祥物。庶母因此大懼，逐之良久方去。陽明聞聲，佯作大驚，勸母召巫者問，乃得所買通之某巫嫗。嫗即謬託陽明生母附體，責庶母待子無禮，將有大禍臨身。庶母信以為真，伏罪悔過，自此待陽明加意有禮。

　陽明出身於仕宦之家。父王華，成化十七年 (1481) 狀元及第，官至南京吏部尚書。教子甚嚴。陽明偏愛武事，十五歲時已能騎射，又隨父出遊居庸三關，慨然有經略四方之志。歸後屢欲獻書於朝，為國靖難。父斥他為「狂」乃止。❽

　十七歲時，陽明往江西洪都迎婚。合卺之日，偶入道教鐵柱宮，遇道士跌坐一榻。即叩問養生之事，終而與他對坐忘歸，次早始由岳父家人覓得促歸。❾陽明當時留居岳家，習字甚勤，竟用盡所蓄之紙。越年送夫人歸餘姚，舟至廣信，即往謁婁諒，同語宋儒格物之學，婁謂聖人可學而至，陽明深契之。次年，王華亦因父喪歸餘姚，命子學習經義。陽明日夜勤讀，接人卻和易如舊。

　或因婁諒所說，陽明時思格物之義，並遍求朱熹遺書讀之。因朱熹謂一草一木，皆涵至理，陽明曾於京師其父官署中，取竹格之，以求窮理。事後陽明自述：

> 眾人只說格物要依晦翁（朱熹），何曾把他的說去用。我著實曾用來。初年與錢友同論做聖賢，要格天下之物……。

---

❽　《年譜》（一），《王陽明全書》（四），78-79 頁。

❾　見上，79 頁。

因指亭前竹子令去格看。錢子早夜去窮格竹子的道理，竭
其心思，至於三日，便致勞神成疾。當初說他是精力不足。
某因自去窮格，早夜不得其理。到七日亦以勞思致疾。遂
相與嘆，聖賢是做不得的，無他大力量去格物了。❿

弘治十二年 (1499)，陽明舉進士出身。觀政工部，不久，改
授刑部主事，奉命審錄江北，多所平反。事畢遂遊九華山諸寺，
並與道者蔡蓬頭與地藏洞「異人」談仙，又有遺世入山之意，遂
告病歸越求道。⓫

⑴首次的覺悟

陽明養病學道之處，史說傳記紛紛不一。有謂其築室四明山
之陽明洞者。⓬總之，他行道者的導引術，靜坐養生。久之，陽
明竟得先知之明。能預知友人來訪，且歷語其來蹟。諸友驚異不
已，陽明卻悟出「簸弄精神非道」之理。又因祖母與父尚存，不
忍久離膝下，卒覺悟說：「此念生於孩提，可去，是滅種性矣。」⓭

---

❿ 見《傳習錄》下，《王陽明全書》(一)，100 頁。「一草一木，皆涵至
理」說，出自程頤《二程全書・遺書》卷十八，9 頁甲。陽明的格
竹，固是天真，但也顯出程朱「格物說」並無「方法」。

⓫ 《年譜》(一)，《王陽明全書》(四)，81–82 頁。

⓬ 據馮夢龍書，陽明洞在四明山之陽 (12 頁甲)，然蕭良幹等編之《紹
興府志》(明萬曆十四年，卷六，11 頁甲) 與毛奇齡之《王文成傳
本》(《西河合集》卷一，1 頁乙—2 頁甲) 則謂陽明洞在會稽山麓，
毛謂此山實無洞，《年譜》之言誤。

⓭ 《年譜》(一)，《王陽明全書》(四)，82 頁。陽明不以「前知」為大
事，《傳習錄》亦有說之。見本書第五章。

遂出隱居處，復思用世，並多斥釋老之非，專志授徒講學，以倡
聖學。陽明有詩述此變，中有下列數句，已微露思想趨向：

> 大道即人心，萬古未嘗改。
> 長生在求仁，金丹非外待。
> 繆矣三十年，于今吾始悔。❹

武宗正德元年 (1505)，陽明任兵部主事，未料方歸正學不久，
即有大禍臨身。當時因權宦劉瑾竊柄，逆其意者多繫獄中，陽明
首抗疏救之，無效，亦下獄，受廷杖，尋謫貴州龍場。始得居夷
處困。人格與學說思想，卻因而大進。

陽明赴謫途中，歷盡險阻，因劉瑾遣人隨偵，而詭言投江脫
身。又附商船遊舟山，遇風浪登岸，先宿野廟，與異人議遠走事；
其人以陽明有親在，不宜牽累；因為卜，得《易經》「明夷」卦，
遂決策返。❺當時陽明題詩有言：

> 險夷原不滯胸中，何異浮雲過太空；
> 夜靜海濤三萬里，月明飛錫下天風。❻

陽明決意去謫，繞道省親於南京，又回錢塘，與徐愛（曰
仁）、蔡宗兗（希淵）、朱節（守中）三友道別。語中亦有：

> 曾點志於詠歌浴沂，而夫子喟然與之。斯予與三子之冥然
> 而契，不言而得之者歟？❼

---

❹　〈贈陽伯〉，《王陽明全書》（二），131 頁。

❺　《年譜》（一），《王陽明全書》（四），83–84 頁。「明夷」象日入地
　　中，有昏君在上，明智之臣不宜顯其志之意。

❻　〈泛海〉(1507)，《王陽明全書》（二），138 頁。

不過陽明又說：

> 天將降大任於是人，必先違其所樂，而投之於所不欲，所以衡心拂慮，而增其所不能。**⓲**

⑵在謫處得悟

龍場在貴州西北萬山叢棘中。蛇虺成堆，瘴癘蠱毒，苦不可言。陽明初至，居於窟中，與夷人語言不通，通語者皆中土亡命之徒，在當地盡差役之勞。陽明謫職驛丞，即為彼輩蓄馬。**⓳**

陽明謫居荒地，明知劉瑾尚未解怒，隨時有喪生危險。因此自忖，得失榮辱，皆可付於度外，惟生死一念，未能超脫。因思若使古聖人當此逆境，不知如何處之？乃鑿石為椁，日夜端居澄默。久之，胸中灑然。而從者不堪其難，皆病倒。陽明親自析薪、取水、作糜以飼之，復與歌詩，唱曲，使忘其憂。如此，忽然一夕，中夜大悟「格物致知」之旨，「寤寐中似有人語之」，不覺呼躍，從者亦驚醒。乃說：「今知聖人之道，吾性自足。向之求理於事物者誤也。」時陽明三十七歲。**⓴**

陽明在龍場得悟後，更省《論語》言：

> 子欲居九夷。或曰：陋，如之何？

⓱　〈別三子序〉，《王陽明全書》（一），171 頁。

⓲　同上。

⓳　《年譜》（一），《王陽明全書》（四），84 頁。日本山根幸夫所撰之《明代徭役制度の展開》（東京，1966）謂陽明在謫居所學，有助於其後年之統軍。

⓴　同上。

子曰：君子居之，何陋之有？ ㉑

並興何陋軒，君子亭等居。他當時的心態，可引《中庸》而見：

君子素其位而行，不願乎其外。素富貴，行乎富貴；素貧賤，行乎貧賤。素夷狄，行乎夷狄。素患難，行乎患難。君子無入而不自得焉。 ㉒

陽明又作詩為證：

投荒萬里入炎州，卻喜官卑得自由。
心在夷居何有陋？身雖吏隱未忘憂。 ㉓

正德五年 (1510)，陽明離謫處，奉命陞為廬陵縣知縣。在任七月，再入京朝觀，調職刑部與吏部。其講學聲名亦漸揚。再調任滁州、南京後，從遊之眾越多。正德十一年 (1516)，又因兵部尚書王瓊薦，陞都御史、巡撫南贛、汀漳等處。靖難平寇之業，即自此時起始。

陽明兼軍、政之才，於短促的七月期間，完成討寇之功，又設新縣治、立社學、改稅政，他的仁政，贏得萬民之愛戴。1517年 12 月，他在南贛時，班師至南康。

㉑ 《論語·子罕》第九，第十三。參看〈何陋軒記〉，《王陽明全書》（一），200 頁。

㉒ 《中庸》第十四，見於〈與王純甫書〉(1512)，《王陽明全書》（二），8 頁。

㉓ 〈龍岡謾興五首〉之一，《王陽明全書》（二），150 頁。

百姓沿途頂香迎拜；所經州縣隘所，各立生祠。遠鄉之民，各肖像于祖堂，歲時尸祝。㉔

可是陽明本身的反應，記在致朋友信中，卻是：

> 破山中賊易，破心中賊難。區區翦除鼠竊，何足為異？若諸賢掃蕩心腹之寇；以收廓清平定之功，此誠大丈夫不世之偉績。㉕

正德十四年 (1519)，陽明在江西，另受命征討福建叛軍。途中聞寧王宸濠反於南昌，急北返討伐，平其亂，且得生擒宸濠。未料又因戰勝而引起禍難。

原來武宗借詞親征叛藩，率軍南巡，其左右閹黨，竟勸陽明釋囚，縱之鄱湖，俟帝親與遇戰而後奏凱論功。陽明恐遺禍百姓，不從。但因此觸怒姦臣，為讒言所害，幾不得身免。弟子冀元亨，更受誣得助逆罪，入獄死。㉖

陽明當時的心情，在他所賦的詩中，可見一斑：

> 一絲無補聖明朝，兩鬢徒看長二毛；
> 自識淮陰非國士，由來康節是人豪；

㉔ 《年譜》(一)，《王陽明全書》(四)，100 頁。

㉕ 見上，101 頁。陽明一生，不以事功為大事，而勤於成聖之業；這是陽明學者不可忘卻的。大陸學者，有以其「平寇」而罵陽明鎮壓農民起義；這是缺乏時代性的批評。而且「寇」與「起義」的區別也不易決定。詳見本書之「跋」(二)。

㉖ 見上，108-123 頁。參看毛奇齡《明武宗外紀》(臺北，廣文，1965)，11-29 頁。

時方多難容安枕，事已無能欲善刀；

越水東頭尋舊隱，白雲茅屋數峰高。**㉗**

武宗的死，與世宗的接位 (1521)，使陽明暫得喘息時間。朝廷論功行賞，封陽明為新建伯。但陽明因父喪居鄉；世宗為尊親生父而論文諡引起大禮議時，陽明竟免於涉及，門人問他亦不答。但其教學宗旨，與平日所說，似表示同情世宗孝念。嘉靖四年 (1525)，陽明服闋，禮部尚書席書上疏特薦，卻因輔臣之忌，不得復用，閒居又三年，其重要書信，多於此時寫出。但所講學說亦被人誣為「異端」，不使他入閣受任。

嘉靖六年 (1527)，陽明奉旨，兼都察院左都御史，征廣西，乃勉強扶病蒞任，至南昌（南浦），即前留地時：

父老軍民，俱頂香林立，填途塞巷，至不能行。父老頂輿傳遞入都司。先生命父老軍民就謁，東入西出；有不舍者，出且復入；自辰至未而散。**㉘**

陽明並於數月間，靖思恩、田州之亂，每至立社學、撫良民。終因病勢日篤，上疏致仕，未得復旨即班師，而於歸途中，五十八歲 (1529)，病死於南安。臨終時微笑而遺語：「此心光明，亦復何言？」**㉙**

陽明的門人與摯友黃綰（宗賢），撰其行狀，盛讚他：

㉗　〈歸興〉(1519)，《王陽明全書》（二），184 頁。詩中的「淮陰」指漢之建國功臣淮陰侯韓信，功成受忌之事；「康節」指宋儒邵雍，隱居不仕，安樂無慮。陽明感嘆世事，有去仕意。

㉘　《年譜》（一），《王陽明全書》（四），149 頁。

㉙　見上，162 頁。

公生而天資絕倫，讀書過目成誦。少喜任俠，長好詞章仙釋，既而以仙道為己任，以聖人為必可學而至。實心改過，以去己之疵，奮不顧身，以當天下之難。上欲以其學輔吾君，下以其學淑吾民，惓惓欲人同歸于善，欲以仁覆天下蒼生，人有宿怨深讐，皆置不較。雖處富貴，常有烟霞物表之思，視棄千金猶如土芥。藜羹瓊鼎，錦衣縕袍，大廈窮廬，視之如一，真所謂天生豪傑，挺然特立於世。求之近古，誠所未有也。❸⓿

三、「五溺三變」

曾有人以「五溺三變」語，描述陽明的思想與精神變遷的過程。「五溺」指陽明歸正於聖學之前的多種嗜好；並非先後發生之事，而常是同時持有的興趣。「三變」指陽明在不同時期講學的要點，故所變亦不妨宗旨。而可說是教學法。因為「三變」皆是歸正儒學後，他所倡的「修身法」日益精微的表示。

(1)文武雙才

陽明的哲友湛若水，述其「五溺」：

初溺於任俠之習，再溺於騎射之習，三溺於辭章之習，四溺於神仙之習，五溺於佛氏之習，正德丙寅（元年）(1506)，始歸正於聖賢之學。❸❶

---

❸⓿ 見《王陽明全書》（四），245 頁。

❸❶ 〈陽明先生墓誌銘〉，《王陽明全書》（四），224 頁。

陽明曾說，「狂者」真有鳳凰翔於千仞氣象。觀其本身之內在
與精神發展，實是此種氣象之印證。他的充沛精力，顯出於種種
不同的志趣中。根據《年譜》所記，陽明幼年，即聰明異常，而
且「豪邁不羈」。雖就塾師而喜蕩街，十一歲時，曾於市上與人爭
雀，終遇某相士，為他出資買雀，又勸他讀書自愛，前途無量，
時陽明父為翰林修撰，常因兒子肆行而懷憂。陽明之「初溺於任
俠」，即始於北京街中，與群兒戲排戰事之時。陽明幼好英雄事
業，尤嚮往漢朝馬援的功業。十五歲時，曾夢謁伏波將軍廟。事
後四十多年，陽明卒前，平思、田之亂後，竟得親拜伏波祠下，
一切宛如夢中，真是「此行天定豈人為」！❸

陽明早學騎射，終身留心於兵事。二十六歲時，尤精究兵家
秘書，每遇賓宴，多聚果核列陣勢為戲。其後，避居陽明洞，潛
修學道時，亦未廢棄兵法，反而更進一步，求教於熟悉天文、地
理、與武術的處士許璋，受益甚多。❸

陽明的善射，曾於擒宸濠後當眾顯出。當時隨從武宗南征的
北軍領袖張忠、許泰，自恃術高，強請陽明較射於教場中，意欲
屈之。陽明勉強應邀，三發三中，張、許之輩反而因此大懼。其
部下北軍，在傍哄然嘖嘖。❸

陽明自幼亦好詩文。十一歲時即曾表現詩才。二十一歲時，
又與文人魏瀚等同結詩社。並與當時文壇「四傑」——李夢陽、
何景明、徐禎卿、邊貢——相遊，同學古詩文。當時陽明所撰之
仿古體詩文，包括賦騷多首，及仿唐詩絕句。陽明之散文，早享

❸　《年譜》(一)，《王陽明全書》(四)，160 頁。

❸　見上，80 頁。

❸　見上，117 頁。

盛譽，謫居龍場時所作之〈瘞旅文〉，尤是傑作。他在嘉靖元年
(1522)，致大學士楊一清的信，亦表露高潔的文體。如此，陽明
於三十一歲前，勤學辭章，遍讀先秦與漢代古文，終於過勞成疾，
得嘔血病。因而嘆息：「吾焉能以有限精神，為無用之虛文？」 ❸

⑵佛道影響

陽明自述，七歲起即蓄意學道。十一歲時，又在北京街上遇
見相士，曾贈言少年陽明： ❸

> 鬚拂領，其時入聖境。
> 鬚至上丹臺，其時結聖胎。
> 鬚至下丹田，其時聖果圓。

在道教術語中，「丹田」原指人身腹下部份。《抱朴子》載有
三丹田，即眉下、心下、與腹下三部。但相士語中只述上下兩部，
又與人鬚相比，故大約是指心下、腹下兩部。此類術語，原用於
道教導引與胎息的法術中，為長生久視之用。「結聖胎」也是道教
術語，指出鍊「內丹」者身內的成就。陽明體弱多病，固是學道
原因之一。本章已提到他在合卺之日，入道士觀靜坐忘歸的軼事。
陽明有意求仙，又多方求師問道，皆是他的不撓精神的表現。陽
明前的儒士，亦多有用心於仙家書籍者，朱熹本人即撰有《陰符
經》與《參同契》的考異。 ❸

---

❸ 《年譜》（一），《王陽明全書》（四），82頁。

❸ 見上，78頁。

❸ 朱熹以筆名鄒訢撰《周易參同契考異》與《陰符經考異》。書各一
卷，入《朱子遺書》。據紀昀等編之《四庫全書總目提要》（上海，

陽明三十歲時，退居故鄉陽明洞中修行，得先知術，事後雖立志棄道歸正，卻已表示慕仙之誠。陽明一生嗜好山水，尤喜洞居，曾命名龍場之窟為「陽明小洞天」。正德十三年 (1518) 討寇時，又訪龍川之「陽明別洞」。陽明自稱「山人」，尤愛於周遊山水間時，點化門人。❸

根據日人久須本文雄的著作《王陽明の禪的思想研究》，❸陽明一生遍遊的佛寺，其知名者有四十餘處，分佈八省。另有不知名四十餘處。陽明不但於早年好遊佛寺，並且於歸心儒學後，仍繼續此種訪遊。在三十二歲時，竟有一次於某佛寺中留居八月之久。又在五十歲時，訪問佛寺十三次，每次留居一、二週。陽明又常於佛寺講學。此種往來，固不能印證佛教對其思想發展所持影響，而陽明傳記中，所載之關於道教的修持，又多於佛教，但是佛道二教，於元、明時已多混合，陽明撰詩，亦廣指二氏之教。

陽明於弘治十七年 (1504)，主考山東鄉試時，曾闢佛老害道亂天下。但是他歸正聖學，實定於弘治十八年或正德元年 (1505)，與湛若水初遇之時。其後，陽明自立學說，雖排二氏，亦不能卸去所留下的深遠影響。「五溺」代表的多種興趣中，佛老二教實有最強的吸引力。

除「五溺」之外，陽明一生所表示對於儒學的興趣，從無間

商務，1933 年版）卷二十八，37–38，55 頁，朱撰之考異實是注疏。但或因所注者非儒書，故名之考異。

❸ 明文人喜以「山人」自號，見《四庫全書總目提要》卷三十六，45 頁。但「山人」亦有隱逸之意，見鈴木正〈明代山人考〉，《明代史論叢》（東京，大安，1962），357–388 頁。

❸ 久須本文雄《王陽明の禪的思想研究》（名古屋，日進堂，1958）。

斷。陽明父王華，原是「於異道外術，一切奇詭之說，廓然皆無
所入」者。❹陽明本身，似亦從未懷疑儒學的價值。而只是對於
庸儒以誦讀經注為入仕捷徑，表示反對而已。當其青年習字時，
即思程顥言：「吾作字甚敬，非是要字好。只此是學。」陽明亦仿
其事，釋其言：❹「吾始學書，對模古帖，止得字形。後舉筆不
輕落紙，凝思靜慮，擬形於心。久之始通其法……乃知古人隨時
隨事，只在心上學。此心精明，字好亦在其中矣。」此數語中，亦
說出陽明哲學中心點。

　　陽明之學，原是無師自通的。與朱熹、湛若水輩，大有不同。
陽明固曾謁見吳與弼的門人婁諒，並深契他「聖人可學」之言。
陽明因知晉時關於聖人有情無情，與聖人是生而成聖或學而成聖
之辯。❹此即是他本人深體之切身問題。陽明曾遍尋朱熹遺書以
閱之，又勤求實行程朱「格物窮理」之訓，並曾從朱熹言，居敬
持志，循序致精。但每次因而發病，終以為聖賢有分，學之不得，
因而有意入山養生，自此觀之，其求仙學道，亦有不得已之苦。

　　陽明雖勤於求道，卻不得道士信任。所遇道者，仍以儒士視
之。陽明或因而決意棄世，退陽明洞隱居近一年。又發現道術不
深，不能滿足其成聖之慾。故又復思用世，並訓世人儒家所教，
忠於本性之道。

---

❹　陸深〈海日先生行狀〉，《王陽明全書》（四），223 頁。

❹　《年譜》（一），《王陽明全書》（四），79 頁。

❹　湯用彤《魏晉玄學論稿》（北京，人民，1957），72–83 頁，再看容
　　肇祖《魏晉的自然主義》（臺北，開明，1962），24–25 頁。

⑶歸於儒學

　　陽明與湛若水的交遊，確是他精神發展之一轉捩點。陽明曾經廣遊四方，求師友於天下而不得。王、湛初遇時，陽明方三十三歲，湛則已三十有九。相會之後，陽明說：「守仁從宦三十年，未見此人。」湛亦謂：「若水泛觀於四方，未見此人。」遂相與定交講學，同習程顥「仁者與天地萬物一體」之學。陽明謫貴州時，湛贈之以詩九章，其一說：

> 天地我一體，宇宙本同家。
> 與君心已通，別離何怨嗟。
> 浮雲去不停，游子路轉賒。
> 願言崇明德，浩浩同無涯。**❹❸**

　　陽明答之以〈八詠〉。其一是：

> 洙泗流浸微，伊洛僅如線。
> 後來三四公，瑕瑜未相掩。
> 嗟予不量力，跛鼈期致遠。
> 屢興還屢仆，惴息幾不免。
> 道逢同心人，秉節倡予敢。
> 力爭毫釐間，萬里或可勉。
> 風波或相失，言之淚徒泫。**❹❹**

---

❹❸　《甘泉文集》（資政堂版，1866）卷二十六，4 頁乙。

❹❹　〈八詠〉之三，《王陽明全書》（二），134 頁。「洙泗」指孔門，「伊洛」指「宋學」。

　　當時，兩人間，湛無疑「年長」於王，思想亦較成熟。湛原是陳獻章門生，前九年時間全部用於性理之研究。陽明則方才開始握住自己。王、湛友誼，實有助於陽明的定志學聖。其後，因龍場之謫，他又再次自問，聖人如何居夷處困？此問題的答案，將得於陽明本身之悟，又將改變他自己，與千萬人的生活與思想。

　　錢德洪的〈刻文錄敍說〉，申明陽明的學說，凡歷三變。⑴少之時馳騁於辭章。⑵已而出入二氏。⑶繼乃居夷處困，豁然有得於聖賢之旨。陽明之教，亦歷三變。⑴居貴州時，首與學者為知行合一之說。⑵自滁陽後，多教靜坐。⑶江右以來，始單提「致良知」三字。直指本體，令學者言下有悟。❹❺

　　錢述的陽明學之三變，固無異於湛的所謂「五溺」。至於其教之三變，所指確已不同。此「後三變」雖與陽明切身經驗不能分開，但是尤與授生之法關係至深，故可說同時來自陽明對自身與門生之心性的認識與了解。根據錢氏，「為教三變」說，與他本人的分析，黃宗羲亦提出一項「三變」說❹❻，總述陽明思想的變遷。錢、黃二說並無大不同，為方便論，本文採用較早發表的錢說。

　　錢氏述陽明之教，尤當它為一種實踐性的修身法。據錢說，陽明的主要問題，一直是：如何成聖？朱熹曾以「居敬窮理」作答。朱的看法，固與程頤相同。人若勤求學問——即所有學問，但主要是人生哲學——必能遲早到達「豁然」全悟的境界，而理會人生之謎。程頤曰：「凡一物上有一理，須是窮致其理……今日格一件，明日又格一件。積習既多，然後脫然自有貫通處。」❹❼

❹❺　《王陽明全書》（一）（見〈舊序〉，10頁）。

❹❻　《明儒學案》（四部備要本）卷十，3–4頁。參看本書〈王陽明傳〉。

❹❼　《二程全書‧遺書》卷十八，5頁乙。

陽明早年，曾積極嘗試「格物窮理」以成聖之法，而不但未能達到目的，並且健康大受打擊。道德之理，實同人生一般，是無窮盡的。修德之前，若必先求明理，能修德的人，定屬少數，而「人人皆可成聖」即成廢話。為解決此項難題，陽明並不否認「知」之價值，反而為此字加上新義：知即是行，而行即是德行。成聖之道，惟在修德，而修德亦是求知之路。陽明謫居龍場時，悟到此種「知行合一」的學說。

陽明的高徒徐愛，未會此訓，並舉例說人盡知孝弟之為德，而不盡能行之，可見知行之為二。陽明答說：知而不行，只是未知。故惟有行孝弟者，始能稱為知孝知弟。故「知是行的主意，行是知的工夫。知是行之始，行是知之成。」❹

陽明此見，來自謫居的經驗，亦非偶然。《孟子》固謂，「人人皆可為堯舜」。但是朱熹明言，格物致知，居敬窮理，為成聖的唯一路徑，陽明謫居時，與不諳漢語，不識堯舜的夷人相處，不禁自問，彼等有無成聖資格？應否學習格物窮理之意？儒者向以化夷為己任，陽明處此，不免撫心自問：聖人應如何居夷，如何化夷？

「知行合一」的學說，實是解釋孟子之言的唯一方法。陽明居龍場時，即為當地夷人，與來自中土之役者講之。聽者莫不忻忻有入。據他自述：

> 吾始居龍場，鄉民之言語不通，所可與言者乃中土亡命之流耳。與之言知行之說，莫不忻忻有入。久之，并夷人亦翕然相向。及出，與士夫言，則紛紛相異。反多扞格不入，

---

❹ 《年譜》（一），《王陽明全書》（四），85頁。

何也。意見先入也。 ❹

「知行合一」的學說，雖能為「人人皆可成聖」的道理，奠定基礎，卻未說出：何謂德行？德行若非經書之所能教，則應有他法學得。人生固是良師，但人生之教，時有曖昧之處。學者苟求事上磨鍊，亦不能永遠守株待兔，等候其啟示。陽明不以熟讀經書為唯一的習德方法；他教人靜坐澄思，以求恢復本性之善。人性若得復善，聖人亦必可學而至。

陽明本人，與明代以前之理學家——周敦頤、程顥、程頤、朱熹、陸九淵——一般，對於釋、道二教的修持法，皆有所認識。理學家所倡之「靜坐」，實來自釋、道二教之「調息」、「坐禪」功夫。修禪的人，無論是佛或道，皆得潔身自守，力求維持感情之「中和」。修禪時，尤須注意直坐的身體姿勢，與氣息的調和。朱熹即曾撰寫〈調息箴〉，❺並稱揚道教所倡之「鼻端白」法。修禪者亦應控制五官的活動，俾能「主一無適」，集中精神於內心深處，靜候「真己」於知覺上的啟示與出現。

釋、道二教，原各有多種修禪方法。宋、明理學家又多有出入「二氏」之門者。於歸正儒家後，仍然使用二氏的修持法，以它亦有助於聖人之學。陽明本身即如此。當他於正德五年 (1510)，離謫回贛途中，重會門人於辰州時，即與眾同坐僧寺，以求自悟性體。事後，又致書門人，解釋靜坐的目的，主要是收回已放縱的「心」。❺

---

❹　錢德洪〈刻文錄敘說〉，《王陽明全書》(一)，〈舊序〉，10 頁。

❺　見《朱子大全》卷八十五，6 頁甲。

❺　《年譜》(一)，《王陽明全書》(四)，86 頁。

陽明固知靜坐之弊。靜坐者時會喜靜厭動，而忽略復善的原旨。「知」若是「行」，「靜坐」亦應有所為。陽明以靜坐為有益於初學者的功夫。但是人苟認得「良知」，即可動靜不分，內外兩忘，心事合一。

「致良知」確是陽明學說的高峰。據錢德洪言，此說始於正德十六年 (1521)，宸濠之變後。陽明亦自述，良知之說，得自百死千難中。他又解釋「致知」之意：

> 「致知」云者，非若後儒所謂充廣其知識之謂也。致吾心之良知焉耳。良知者，孟子所謂是非之心，人皆有之者也。是非之心不待慮而知，不待學而能，是故謂之「良知」。❺❷

「致良知」說的發明，並不推翻「知行合一」說，與「靜坐」之教，而是前二說的綜合，與其實踐上的簡化。「致」固是「行」，「致良知」即是「知行合一」的證實。並有「尊德性」，與「動中求靜」的含義。陽明嘗說：自龍場後，其教學已不出「良知」二字之意。他在〈寄安福諸同志〉書中，亦說：

> 今日所講良知之說，乃真是聖學之心傳，但從此學聖人卻無有不至者。惟恐吾儕尚有一善成名之意。未肯專心致志於此耳……凡工夫只要簡易真切。愈真切愈簡易，愈簡易愈真切。❺❸

陽明〈示諸生〉詩中，亦稱「致良知」為成聖妙法，勸人從之。詩云：

---

❺❷　〈大學問〉，《王陽明全書》（一），122 頁。

❺❸　《王陽明全書》（二），59 頁。

　　人人有路透長安，坦坦平平一直看。

　　盡道聖賢須有秘，翻嫌易簡卻求難。

　　只從孝弟為堯舜，莫把辭章學柳韓。

　　不信自家原具足，請君隨時反身觀。❺❹

　　自孔子以後，尤其自朱熹以後，「聖學」已變為儒家的「士林哲學」。陽明有意率人復本回源，追復朱、孔、周公，與不識經書之堯、舜諸聖之前，人人皆有的心性，與深匿於心性深處的良知。良知若得恢復，學者便可效仿堯、舜、孔、孟，推致天賦之原善之性，以為人子、人兄，與社會的一份子。這是「致良知」的意旨。

四、超「狂」入「聖」

　　「五溺」描述陽明的狂者性格，與他早年的豪放精神。「三變」卻說他教學宗旨與方法的漸變，陽明歸正於儒學後，並未失去他的狂者性格，但是他的性情，亦因多種磨鍊，而漸趨平和，使他超然於一切榮辱、得失、與生死觀念之上，對於人言是非，更能全然無畏。

　　陽明解「格物」為正心，引起人言紛紛，竟有誣他為異端邪說的。嘉靖二年 (1523)，南宮策士，以心學為問，陰以闢之。陽明門人徐珊，不答而出。但是同門亦有直發師旨而不諱者。陽明聞知此事，竟喜言：「聖學從此大明矣。蓋吾學既非，天下必有起而求真是者!」❺❺

---

❺❹　〈示諸生〉之二，《王陽明全書》（二），207 頁。「柳韓」指唐之柳宗
　　元與韓愈。

陽明繼述：他留居南京 (1514–1516) 前，尚有「鄉愿」意思，
至此只信良知：

> 真是真非處，更無捍藏迴護，才做得「狂者」，使天下盡說
> 我行不揜言，吾亦只依良知行。❺❻

有問「鄉愿」、「狂者」之辨時，他答說：

> 鄉愿以忠信廉潔，見取於君子。以同流合汙，無忤於小人。
> 故非之……其心已破壞矣，故不可與入堯舜之道。「狂者」
> 志存古人，一切紛囂俗染舉不足以累其心，真有鳳凰翔于
> 千仞之意。一克念即聖人矣。❺❼

陽明亦盛讚孔門弟子曾皙（即曾點）的異志。朱熹固已目點
為「狂」。陽明引《中庸》言，謂曾點「無入而不自得」。全段述：

> 曾點這意思……便是「素其位而行，不願乎其外。素夷狄，
> 行乎夷狄，素患難，行乎患難。無入而不自得矣。」❺❽

又加言：孔子問志時，其他三子——子路、冉有、公西華——
的表現，皆含「器」意，思用於政，曾點卻有不「器」意，乃真
君子也。陽明門人王畿（汝中）曾與陽明論仲尼與曾點言志一章，
當時陽明同意其說而言：❺❾

❺❺ 《年譜》（一），《王陽明全書》（四），131 頁。

❺❻ 同上。

❺❼ 同上。

❺❽ 《傳習錄》上，《王陽明全書》（一），12 頁。

❺❾ 《傳習錄》下，《王陽明全書》（一），86–87 頁。

以此章看之。聖人何等寬洪包含氣象。且為師者問志於群弟子。三子皆整頓以對。至於曾點飄飄然不看那三子在眼，自去鼓起瑟來，何等狂態。及至言志，又不對師之問目，都在狂言。

陽明話到這裏，也提到程頤的嚴肅。

設在伊川，或斥罵起來了。聖人乃復稱許他，何等氣象！

陽明也用「狂」字的普通意思，自述人對他的看法。他既然以斯文自任，教「致良知」之學。也自知天下人多以他為狂。他也當之不讓：

今之人雖謂僕為病狂喪心之人，亦無不可矣。天下之人心，皆吾之心也。天下之人，猶有病狂者矣，吾安得而非病狂乎？猶有喪心者矣。吾安得而非喪心乎？ ❻

良知人人皆有，但是有志致之以成聖者卻不多。陽明也用醒者為喻，說睡夢者認醒者為狂：

舉世困酣睡，而誰偶獨醒？
疾呼未能起，瞪目相怪驚。
反謂醒者狂，群起環鬥爭。
洙泗輟金鐸，濂洛傳微聲。
誰鳴塗毒鼓？聞者皆昏冥。
嗟爾欲奚為？奔走皆營營。

❻ 〈答聶文蔚〉，《傳習錄》中，《王陽明全書》（一），66頁。聶文蔚名聶豹。

何當聞此鼓？開爾天聰明。**❻❶**

曾有稱陽明者，對他說：「古之名世，或以文章，或以政事，或以氣節，或以勳烈，而公克兼之，獨除卻講學一節，即全人矣。」陽明笑答：「某願從事講學一節。盡除卻四者，亦無愧全人。」**❻❷**他不好事功，惟求全己全人之意，又見於此。

嘉靖三年 (1524)，陽明退居在鄉時，中秋之夕，宴門人於天泉橋之碧霞池畔。門人在席者百餘人。酒半酣，諸生興劇，或歌唱、或投壺、或擊鼓、或泛舟。陽明感而作詩，中有

> 萬里中秋月正晴，四山雲靄忽然生。
> 須臾濁霧隨風散，依舊青天此月明。
> 肯信良知原不昧，從他外物豈能攖？
> 老夫今夜狂歌發，化作鈞天滿太清。**❻❸**
> 處處中秋此月明，不知何處亦群英。
> 須憐絕學經千載，莫負男兒過一生。
> 影響尚疑朱仲晦，支離羞作鄭康成。
> 鏗然舍瑟春風裏，點也雖狂得我情。**❻❹**

---

❻❶ 〈月夜二首〉之二，《王陽明全書》(二)，203 頁。「洙泗輟金鐸」指孔學失傳，「濂洛」指周敦頤與二程。「塗毒鼓」是佛語，似指克私欲之教。見智者大師（智顗）《妙法蓮華經文句》（《大藏經》第1718 號），「聞佛性名毒鼓之力獲善果報」（卷十上，141 頁乙）。

❻❷ 鄒守益〈陽明先生文錄序〉(一)，《王陽明全書》(一)，〈舊序〉，6頁。

❻❸ 〈月夜二首〉之一，《王陽明全書》(二)，204 頁。

❻❹ 〈月夜二首〉之二，同上。朱仲晦固是朱熹；鄭康成即鄭玄 (127-200)，漢之訓詁學名家。

次日，諸生入謝時，陽明又論及「狂者之事」，並說明他不自足於狂，而尚有進以求聖的意思。陽明學孟子解孔子在陳，思魯之狂士事；他說世之學者，多溺於富貴聲利，莫能自脫，及聞孔子之教，始知一切俗緣皆非性體，乃豁然脫落。然仍有見得此意，不加實踐的危險。故時有輕世故，倫物的現象，而未能真得於道。故孔子在陳，思歸以裁之，使入於道。

他又說：「諸君講學，但患未得此意。今幸見此，正好精詣力造，以求至於道，無以一見自足，而終止於狂也。」㊿

陽明固狂，但亦不以此自足。他所學的，在於超狂入聖。

<hr />

㊿　《年譜》（二），《王陽明全書》（四），134頁。

第三章 入學的起點:「心」

為學須得箇頭腦,功夫方有著落,
縱未能無間,如舟之用舵。❶

一、引 言

王陽明的前半生(至 1508 年為止),顯出他的「狂者性格」
的矛盾:他同時好靜,求寂,又有志從政、治軍。1505 年,他以
兵部主事的卑職,竟敢上疏諫君,招來大禍。1508 年,他在貴州
龍場得悟,似已到達久已栽培的靜境的高峰。他當時承認,在「心
外」格物是走錯路。「物」字既含「事」字意,他似應認出,自己
從宦的錯誤。不過,在「居夷處困」中,他也體嚐到悟境的樂,
與本性的自足。

可是,事實並非如此簡單,陽明的後半生的表現 (1508-
1529),與前半生確有不同。他終於得到入學「頭腦」,可以「用
舵行舟」,而不分動靜。他曾經說過:

心一而已。靜其體也……動其用也……故循理之為靜,從

---

❶ 《傳習錄》上,《王陽明全書》(一),25 頁。

欲之謂動。欲也者，非必聲色貨利外誘也。有心之私，皆
欲也。故循理焉，雖酬酢萬變，皆靜也。 ❷

其實，「動」與「靜」，不單代表陽明本身性格內有的矛盾，
而且也表示了他對於成聖的途徑的困惑。因為「動」與「靜」，不
只代表「顯」與「隱」，「從政」與「居夷」的兩種不同的生活方
式。「動」「靜」二字，也代表多數與少數人的生活處境。孟子的
確說過，人人皆可為堯舜；荀子也承認，化凡入聖的可能性。可
是，陽明深感，在理論上承認這可能性，而在實際上不指出成聖
的「方法」與「途徑」，是不夠的。自從孔、孟去世以來，聖人未
嘗重現；這早已使人困擾，魏晉以來，許多人認為聖人是生而有
知，不是可學而至的。王陽明與朱熹，都不贊成這說法。為朱熹
而說，孔學先傳，可能是聖人少有的最好解釋。不過，自從宋儒
的理學成為正統之後，聖人也並未見多；成聖仍然只是極少數的，
被人目為「狂者」的理想。陽明對於這種現象，早有不滿。1508
年的悟境，給了他指示：成聖是可以達到的理想，而且人的本性，
賦有求聖所須的一切。

陽明曾經試過，朱熹的實踐論：「格物致知」。但是他發現這
不夠用。給朱熹來說，經書與人生，都包含道德意義，都可以充
為思想與行動的起點。陽明的經驗，卻指出不同的方向。他重視
「心」的啟發。他認為，讀書與人生，都應是由內而外的行動；
「字」與「言」，若有其重要性，不只因為它們出自經書，而且因
為人心的反證，給予它們意義。陽明說：

龍場居南夷萬山中，書卷不可攜。日座石穴，點記舊所讀

---

❷ 〈答倫彥式〉(1521)，《王陽明全書》（二），27 頁。

書而錄之，意有所得，輒為之訓釋。期有七月，而五經之
旨略遍。名之曰「億說」，蓋不必盡合於先賢，聊寄其胸臆
之見，而因之娛情養性焉耳。❸

「不必盡合於先賢」⋯⋯陽明沒有立刻批評朱熹。他在得悟
後，首先是試度在他熟讀成誦的經書中，追尋他的新看法的外證。
〈五經臆說〉是在這處境內寫出的。他向經書求證，表現自己無
意脫離正統儒家的範疇。可是他又肯定本身思想的獨立，選出五
經中他所記得的字句，根據本身的切要而加以解釋，並且強調自
己的見解，不必盡合於先賢先儒。他甚至於說：經書只是求道的
用具；得道後即可以放棄。就如得魚忘筌，醪成棄糟粕的意思。
他並且說，俗儒的錯誤，是在筌上求魚，認糟粕為醪。❹

陽明認為，他的哲學深意，不出乎「心」。這是他的思想的起
點與終點。無怪他的學說，被人認為是陸九淵思想的進一步發揮
——也就是「心學」。

固然，陽明撰〈五經臆說〉的心態，近於陸九淵所說，「六經
皆我注腳」的意思。陽明強調的，是內心悟到的真理的有效性；
他認為經書的任務，是反證人的心得。他將進士科的中心課程——
程頤、朱熹的《四書集注》——置在一邊。他認為內心的「悟」，
是自己的新的出發點。他立定決心，單獨走上求聖的道路。他所
依靠的，只是內心的所賦。

---

❸　〈五經臆說十三條〉〈序〉，《王陽明全書》（一），126 頁。

❹　參看《莊子・外物篇》第二十六（四部備要版），6 頁甲。

二、「心」的意義

陽明反復強調求得成聖途徑上的起點的重要性。他也認為，這個起點，就是「心」，他說，心是人性之善的起源，也是生命的根本。他引述了《春秋》的第一句話：

> 元年春，王正月○，人君即位之一年。元年，王之元月。

並加以解釋：

> 元年春，王正月○，人君即位之一年，必書元年，元者，始也。❺

他認為，天地的「仁」意，能生萬物。人的「心」，可以解說人生的意義。因此，「元」與「開始」，為天地而說，是「仁」的生生之意；為人而說，「立心」就是入學有「頭腦」，可以開始新的一頁。

> 天也者，在天為生物之仁；而在人則為心。心，生而有者也。❻

陽明認為，心與自然一體，是眾善之源，也是知覺與道德的根，並擁有使人成聖的能力，這不是說，心無不善，而是說，心有治不善的本事。陽明將心與太陽相比，就如太陽自然發光，只有受遮時才變暗。人心也一樣，只有受私情所障時才失亮。所以

---

❺ 〈五經臆說十三條〉，《王陽明全書》（一），126 頁。參看《春秋左傳正義》（四部備要本）卷二，3 頁乙。

❻ 同上。

哲學的功用，就是「發明本心」，用《大學》的話說，也就是「明明德」。

> 日之體本無不明也，故謂之大明；有時而不明者，入於地，則不明矣。心之德本無不明也，故謂之明德；有時而不明者，蔽於私也。去其私，無不明矣。❼

由此可見，陽明指的「心」，含有三重意義：

⑴原始的，純潔的「本心」。

⑵受私欲所蔽的「人心」。

⑶成聖者重新光復而得的「真心」。

由此也可見，心有自決的、自善的能力；不求外助。

⑴心即理

中國哲學早有論心之說。《孟子》的〈盡心篇〉即說「盡心、知性、知天」與「存心、養性、事天」❽的話。荀子反對孟子的性善說，但是堅持說：「人何以知道？曰：心。心何以知？曰：虛壹而靜。」❾莊子亦稱：「隨其成心而師之，誰獨且無師乎？」又說：「至人之用心若鏡；不將不逆，應而不藏。」❿

大乘佛學，也多說心。禪宗尤以「明心見性」為修養目的。所以「心」字，含有深意。「心」字本從火，所以主「動」。一般

---

❼　〈五經臆說十三條〉，《王陽明全書》（一），129頁。

❽　《孟子·盡心篇》上（一／二）。

❾　《荀子·解蔽篇》第二十一（四部備要本），卷十五，4頁乙。

❿　《莊子·齊物論》第二（四部備要本），卷一，13頁乙。再看《莊子·應帝王》第七，卷三，19頁甲。

用法，除指人身的主要器官之外，也泛指人的「知覺心」。但是儒家堅持的心又是分辨是非的能力：即《孟子》所謂「人之所不學而能……不慮而知者」，❶即「道德心」，是理智與意志的主宰。而心的「發動」，即是「意念」，也泛指知覺之動，與道德之敏。

再則「理」字，原是宋朝哲學的重點所在。程頤與朱熹都以「理」代表人性與物性的內在結構之所以然。同時，「理」也是他們思想體系的最高範疇。宋明理學的「理」，近乎華嚴宗的「理」，皆指形而上。這是不容否認的。

心與理的認同，就出乎陽明在龍場悟得的「聖人之道，吾心自足」的意思。陽明當時認出「求理於事物者誤也」，因為「理」就在心內，不須外求。

理的「外求」與「內求」，也代表兩種修養法。程朱較重理知性，與科學性的「外求」，所以被稱為「道問學」。陸九淵與王陽明則較偏於意志性、與直覺性的內省，所以被稱為「尊德性」。陽明在龍場得悟後，與土人日益親近，得其助而伐木作居，並設立龍岡書院以收學生。當時他留下的四項教條，❷包括立志、勤學、改過、與責善，都是「尊德性」的意思。試看：

　㈠立志而聖，則聖矣……志不立，如無舵之舟，無銜之馬……為善則父母愛之，兄弟悅之……何苦而不為善。

　㈡從吾遊者，不以聰慧警捷為高，而以勤確謙抑為上。

　㈢不貴於無過，而貴於能改過……能一旦脫然洗滌舊染，雖昔為寇盜，今日不害為君子矣。

❶　《孟子・盡心篇》上（十五）。

❷　見〈教條示龍場諸生〉，《王陽明全書》（一），124–125 頁。

(四)凡攻我之失者，皆我師也……事師無犯無隱……諸生責
　　善，當自吾始。

這四條內，最重要的，就是「立志」。

「立志」固是立定志願學聖人。陽明說過：

夫學莫先於立志。志之不立，猶不種其根而徒事培植灌溉，
勞苦無成矣……故程子曰：有求為聖人之志，然後可與共
學。❸

立志並不容易。必須使內心「純乎天理而無人欲」；時時刻刻
還得聚精會神，警惕慎獨。

是以君子之學，無時無處而不以立志為學，正目而視之，
無他見也。傾耳而聽之，無他聞也……精神心思，凝聚融
結……有私欲，即便知覺自然容住不得矣。❹

陽明屢次用「貓捕鼠」、「雞覆卵」的比譬，來說立志。❺他
甚至於說若念念存天理，「久則自然心中凝聚，猶道家所謂結聖
胎」。❻他堅持道德與功名之別：

---

❸　〈示弟立志說〉(1515)，《王陽明全書》（一），158頁。參看《二程
　　全書・遺書》卷十八，6頁甲。

❹　見上，159頁。「天理人欲」等字，固得自程朱。

❺　同上。

❻　《傳習錄》上，《王陽明全書》（一），9頁。貓捕鼠，雞覆卵，是佛
　　老通用的比喻。「結聖胎」猶是道教語。見《紫陽真人悟真篇三註》
　　卷二，13–16頁。

> 志於道德者，功名不足以累其心。志於功名者，富貴不足
> 以累其心。**⓱**

不過陽明並不反對功業。他所反對的，是「為名為利」而求功立業。

> 聖賢非無功業氣節。但其循著這天理，則便是道。不可以
> 事功氣節名矣。**⓲**

陽明又以造屋比立志。他解釋《論語・述而》第七的「志於
道」句說：

> 「志於道」，是念念要去擇地鳩材，經營成箇區宅。「據
> 德」，卻是經畫已成，有可據矣。「依仁」，卻是常常住在區
> 宅內，更不離去。「游藝」，卻是加些畫采，美此區宅。……
> 苟不志於道而游藝，卻如無狀小子，不先去置造區宅，只
> 管要去買畫掛做門面，不知將掛在何處。**⓳**

讀書之時，若有私意來心，只要克去即是。「如此，亦只是終
日與聖賢印對。」**⓴**

為有志聖人者，陽明喜述程顥的話：「寧學聖人而不至，不以
一善而成名。」㉑有此志者，學求「在己」「為己」而已。㉒

⓱　〈與黃誠甫〉(1513)，《王陽明全書》(二)，13 頁。

⓲　《傳習錄》下，《王陽明全書》(一)，80 頁。

⓳　見上，82 頁。參看《論語・述而》第七。

⓴　同上，82 頁。

㉑　《二程全書・遺書》附錄，7 頁甲。

㉒　〈寄安福諸同志〉(1527)，《王陽明全書》(二)，59 頁。

毀譽榮辱之來，非獨不以動其心，且資之以為切磋砥礪之
地。故君子無入而不自得，正以其無入而非學也。㉓

陽明也運用了武人的話，來說明誠意的工夫。他說：

近時與朋友論學，惟說「立誠」二字。殺人須就咽喉上著
刀。吾人為學，當從心髓入微處用力。自然篤實光輝。雖
私欲之萌，真是洪爐點雪，天下之大本立矣。㉔

(2)事上磨鍊

心與理的認同，也可以解放人的思慮，使集中精神於事上的
磨鍊。陽明在龍場，固有靜坐的習慣。但是不至於喜靜厭動。根
據我們所知，他的生活也頗忙碌。初至時自結草庵為居，後來移
去古洞內。又因糧絕，而學農於土人，採蕨於山上，㉕事事皆有
詩可證。比如：

朝採山上荊，暮採谷中粟。
深谷多淒風，霜露霑衣濕。
採薪勿辭辛，昨來斷薪拾。
晚歸陰竇底，抱甕還自汲。
薪水良獨勞，不愧食吾力。㉖

無怪陽明悟得求理於心之旨後，特別開教「知行合一」的

㉓　〈答友人〉(1526)，《王陽明全書》(二)，48頁。

㉔　〈與黃宗賢〉（五）(1513)，《王陽明全書》(二)，7頁。

㉕　見〈居夷詩〉，《王陽明全書》(二)，145-149頁。

㉖　見上，149-150頁。

學說。

陽明將靜體的「理」，與「動」體的「心」相認同，使道德生活，更為內在化。陽明指出，人的一舉一動，都來自心的意向，所以有道德價值。1512 年，陽明曾與愛徒（兼妹夫）徐愛論善。徐愛根據朱熹的學說，問及至善，並且認為「至善只求諸心，恐於天下事理，有能不盡」。

陽明的答覆，是將「至善」與心之「本體」認同：他說「心即理也。天下又有心外之事，心外之理乎?」❷⑦

徐愛提到寓於心外的道德原則。他說到孝親忠君的「理」。他承認心能知善惡，有道德作用。但是他不了解，至善如何只寓於心。

陽明回答說，孝親與忠君的理，並不處於雙親或君主身內。孝與忠，全發於己心。他的話是：

> 此心無私慾之蔽，即是天理……以此純乎天理之心，發之事父便是孝，發之事君便是忠。❷⑧

徐愛覺得，事情並不如此簡單。比如孝親之事，牽涉到許多外在的細節，包括如何講求冬溫夏涼的事。

陽明說：「只是有個頭腦，只是就此心去人欲、存天理上講求。就如講求冬溫，也只是要盡此心之孝……只是講求得此心，此心若無人欲、純是天理，是個誠於孝親的心，冬時自然思量父母的寒，便自要去求個溫的道理……比之樹木。這樣孝的心便是根，許多條件便是枝葉……須是有個深愛做根，便自然如此。」❷⑨

---

❷⑦ 《傳習錄》上，《王陽明全書》（一），2 頁。

❷⑧ 同上。

❷⑨ 見上，2–3 頁。

陽明給另一友人寫信時，也論及心與理的關係。

> 夫在物為理，處物為義，在性為善。因所指而異其名。實
> 皆吾之心也。心外無物，心外無事，心外無理，心外無義，
> 心外無善。吾心之處事物純乎理，而無人偽之雜。謂之善，
> 非在事物有定所之可求外，……必曰事事物物求個至善。
> 是離而二之也。❸⓿

可見陽明所追求的，是道德心的發揮，而不是將人與客觀的
現實世界分隔。

善行發自善心。有了善心，「見到父親，自然孝。見到兄弟，
自然弟。見到孺子入井，自然憫。」因為孝、悌、與憫，不來自
父、兄、或孺子，而來自人心。

> 物即事也。如意用于事親，即事親為一物。意用於治民，
> 即治民為一物。意用於讀書，即讀書為一物。❸①

陽明引述《孟子》，來證明「心即理」。孟子少提理，多提心
與性，而且不分兩者。陽明認為，分離心與理，及在心外求理，
是贊成告子「義外」的說法。❸②

> 夫析心與理為二，此告子義外之說。孟子之深闢也。務外
> 遺內，博而寡要……謂之玩物喪志，尚猶以為不可歟。❸③

---

❸⓿　〈與王純甫書〉（二），《王陽明全書》（二），9頁。

❸①　〈答顧東橋書〉，《傳習錄》中，《王陽明全書》（一），39頁。

❸②　參看《孟子・告子篇》上。

❸③　〈答顧東橋書〉，見上，37頁。

「心即理」的學說,表明了陽明與朱熹間的距離。陽明承認具體人生的重要性,而否定在心外求理的修養論。

三、知行合一

陽明的「心即理」的學說,既是解釋人人皆可成聖的出發點,又是他的實踐與修養法的基礎。因為「心」有自決的能力;心的所知,包括了經驗與行動。為陽明而說,「知」指的,尤其是道德方面的知識,也是人生智慧。而「行」指的,是如何循知行事。所以真的「知」即是有關道德行為的知,而真的「行」即是道德行為本身。換句話說,陽明的「知行合一」說,也就是他的道德理想。

陽明得悟那一年 (1508) 開始,他就講知行合一。當時他仍舊謫職在貴州;並與提督席書(元山)交遊。席書問他朱熹與陸九淵思想上的異與同,但是沒有得到直接的回答。陽明只是自述悟後之見,並且指出知與行間的關係,又用五經所載與諸子所說來證明這種見解。席書聽了他的話,十分贊同,就興奮地說:「聖人之學,復睹於今日。朱陸異同,各有得失。無事辯詰,求之吾性,本自明也。」他就下令修復貴陽書院,並且親自率領學生,尊陽明為師。 ❸❹

陽明後來在與徐愛的另一席談話中,也解釋了他的知行學說。

___

❸❹ 《年譜》(一),《王陽明全書》(四),85 頁。在「知行合一」方面,可以參閱梁啟超《王陽明知行合一之教》(1936 年初版,臺北,中華,1968 年重版)。梁說:「《王文成全書》,其實不過這四個字的注腳。」(5 頁)

當時徐愛以孝悌為例,指出世人多知應孝應悌,可是不一定能孝能悌,可見「知」與「行」,分明是兩件事。

陽明的回答是:

> 世間有兩種人。或是不解思惟即任意去做,或是懸空思索不肯躬行。 ㉟

為前者而說,應該多講知,為後者而說,應該多講行。「某今說個知行合一,正是對病的藥。」他又解釋知與行間的哲理關係:

> 知是行的主意,行是知的工夫。知是行之始,行是知之成。若會得時,只說一箇知,已自有行在。只說一箇行,已自有知在。 ㊱

陽明也引用人身的器官感應為例,來解釋道德方面的知與行的合一;「如好好色,如惡惡臭。見好色屬知,好好色屬行。只見那好色時,已自好了,不是見了後,又立箇心去好。」 ㊲

由此可見,陽明並不分開他的「知」與更廣的「知覺」,並以直覺上的好與惡,來證明知與行的關係。知覺的好惡,雖有被動性,但是人心若是以好與惡,來好其所好,惡其所惡,則已將原是被動性的感應,變為主動性的選擇了。而這選擇,又是會通知與行的。

陽明的「知」,是以知覺方面的經驗為基礎的。所以他也說:「知痛,必已自痛了方知痛。」由感覺而來的「知」,既是「行之

㉟ 《傳習錄》上,《王陽明全書》(一),4頁。

㊱ 同上。

㊲ 同上,3頁。

知」，有關道德的知識也一樣，「就如稱某人知孝，……必是其人已曾行孝。」**㉟**

一般說，知與行間的距離，也是人為的距離。

> 今人……將知行分作兩件事去做，以為必先知了，然後能行。我如今且去講習討論做知的工夫，待知得真了，方去做行的工夫，故遂終身不行，亦遂終身不知。**㊴**

為了講解知行間的關係，陽明也論及人心的一行一動：「要人曉得一念發動處，便是行了。發動處有不善，就將這不善的念去倒了。」可見知行合一學說的目的，與《大學》的正心誠意完全一般。

(1)誠　意

「知行合一」強調的，是誠意。陽明以誠意解《大學》：

> 大學之要，誠意而已矣。誠意之功，格物而已矣。誠意之極，止至善而已矣。**㊵**

誠意之道，在乎去私欲，存天理。「私欲日生，如地上塵。一日不掃，便又有一層。著實用功，便見道無終窮，愈探愈深。」**㊶**有志誠意者，有過亦能改。陽明指出，聖賢也有過：「古之聖賢，時時自見己過而改之，是以能無過。」**㊷**

㉟　《傳習錄》上，3頁。

㊴　同上，4頁。

㊵　〈大學古本序〉(1518)，《王陽明全書》(一)，188頁。

㊶　《傳習錄》上，《王陽明全書》(一)，17頁。

㊷　〈寄諸弟〉(1518)，《王陽明全書》(二)，21頁。

有人提到,陸九淵說過,學有「講明」,即致知格物,亦有「修身正心」之「踐履」;❹所以「知」與「行」並不混合。陽明說:

> 知行原是兩箇字說一箇功夫……若頭腦處見得分明,見得原是一箇頭腦,則雖把知行分作兩箇說……則始或末便融會,終所謂百慮而一致矣。❹

程朱的學說重知,以「窮理」解「格物」。陽明力言「知行合一」。他曾說過,格物的「物」字,應指「事」物的「事」。格物即是誠意:

> 《中庸》言:「不誠無物」,〈大學〉「明明德」之功,只是箇誠意。誠意之功,只是箇格物。❹

又說:

> 格物如孟子「大人格君心」之格。是去其心之不正,以全其本體之正。但意念所在,即要去其不正……即無時無處不是存天理,即是窮理。天理即是明德,窮理即是明明德。❹

---

❹ 〈與趙詠道〉(二),《象山全集》卷十二,32 頁。

❹ 〈答友人問〉(1526),《王陽明全書》(二),49 頁。陽明致席書(元山)書中 (1521),承認陸氏在致知格物說方面,「未免沿襲」,見 26 頁。

❹ 《傳習錄》上,《王陽明全書》(一),5 頁。(所引《中庸》言,得自第二十五章。)

❹ 見上,5 頁。

這樣的誠意工夫，不容易修到。陽明也表示，去私克己的工夫，不容忽略隨便：「克己須要掃除廓清⋯⋯一毫不存方是。有一毫在，則眾惡相引而來。」**❹**

在一封寫給顧璘（東橋）的信內，陽明又說：

> 知之真切篤實處，即是行。
> 行之明覺精察處，即是知。**❹**

他用比譬說，人必有食欲，然後知食。欲食之心，即是意，也是「行之始」。「知湯乃飲，知衣乃服，以此例之，皆無可疑。」「心雖主乎一身，而實管乎天下之理。理雖散在萬事，而實不外乎一人之心。」**❹**他又說：

> 心一而已。以其全體惻怛而言，謂之仁。以其得宜而言，謂之義。以其條理而言，謂之理。不可外心以求仁，不可外心以求義。獨可外心之求理乎？外心以求理，此知行之所以二也。求理於吾心，此聖門知行合一之教。**❺**

所以知行合一之教，實出自「心即理」。

有人可能問，知行若必合一，「靜坐」又有何用？靜坐固是陽明在龍場得悟後教人做的。但是「知行合一」的教訓，也含有「動靜不分」的意思；所以，「靜坐」在陽明的修持中，究有何種地位？

---

❹ 《傳習錄》上，《王陽明全書》（一），17 頁。劉宗周認為陽明的誠意說，比良知說更重要。見《陽明傳信錄》卷一，3 頁乙。

❹ 見上，35 頁。

❹ 同上。

❺ 同上。

⑵靜　坐

靜坐之事，是宋儒學於佛老的實踐。程頤、朱熹都曾靜坐，王陽明出入佛老多年，也常靜坐澄心。靜坐可以加深人心的自知與自覺，所以陽明也教人靜坐。

佛家的靜坐，是為了追求內心的安靜，兼以求得真覺。道者的靜坐，實是「導引」，尤其是為了求長生。陽明的靜坐，卻與二氏有不同目的。陽明只以靜坐補學，使身心集中：「初學時，心猿意馬，捆搏不足。……故且教之靜坐息慮。久之，……只懸空靜守，亦無用。」❺¹

靜坐也可以助人省察內心，以去私意，存天理。所以靜坐的主要目標，在於完成道德性的人格。陽明勸人內省要勤：「如貓之捕鼠，一眼看著，一耳聽著。方有一念萌動，即與克去。定要拔去病根，永不復起，方始為快。」❺²

陽明用「靜坐」，如下藥方。他認為靜坐可以治心：「日間功夫覺紛擾，則靜坐。覺懶看書，則且看書。是亦因病而藥。」可見靜坐並非只為養靜。主要目的是「去私」。有學生問，靜時似「覺意思好」，但「遇事便不同」是何原因。❺³陽明回答：「是徒知養靜，而不用克己功夫也。……人須在事上磨，方立得住。方能靜亦定，動亦定。」❺⁴

---

❺¹　《傳習錄》上，《王陽明全書》（一），13頁。

❺²　同上。「貓捕鼠」語，出佛書（宋、普濟）《五燈會元》卷十七，《續藏經》一輯二編乙，十一套335頁。朱熹亦用之。見《朱子大全》卷七十一，6頁乙。

❺³　《傳習錄》上，《王陽明全書》（一），9頁。

陽明認為，靜坐不只為「養氣」。《中庸》所謂「未發之中」，也非養氣。「只要去人欲，存天理，方是功夫。」

> 靜時念念去人欲，存天理。動時念念去人欲，存天理。……以循理為主，何嘗不寧靜？以寧靜為主，未必能循理。❺❺

有學生因為靜坐不能止思慮而感失望。陽明卻說，思慮不能全無；因為「靜」與「動」相互依附，不能完全分開。動中原有靜，靜中亦有動。只要在靜坐時去私欲，人性即能在動中靜中皆得安定。

程頤曾經讚揚某人在靜坐時，精神完全集中，竟不覺兒子在傍作何事。❺❻陽明卻以程頤說笑話。他自己堅持，靜坐時也不免有思慮在；主要的是不跟思慮亂跑。❺❼

陽明雖以為靜坐有助於入聖；卻覺得其用處甚有限。他本身有好靜的一面，也有好動的一面。他不教人為靜坐而靜坐。他深信求靜不求動，是片面性的功夫。

他在致信辰中諸生時 (1509) 也說：

> 前在寺中所云靜坐事，非欲坐禪入定。蓋因吾輩平日為事物紛拏，未知為己。欲以此補小學收放心一段功夫耳。❺❽

---

❺❹ 《傳習錄》上，《王陽明全書》（一），10–11 頁。

❺❺ 見上，11–12 頁。

❺❻ 參看《二程全書·遺書》卷三，5 頁甲。指程門一位弟子許渤，雖與其子隔窗而寢，而不聞其子誦讀的事。程頤稱他「持敬如此」。

❺❼ 《傳習錄》下，《王陽明全書》（一），76 頁。

❺❽ 《王陽明全書》（二），1 頁。

靜坐可以助人省察內心，以去私意，存天理。所以靜坐以完成道德性的人格為主要目標。陽明勸人內省要勤。❺另外，他在教訓學生時，也多次警惕他們，不要追求靜坐所得的「光景」或氣象：

> 吾輩今日用功，只要為善之心真切……見善即遷，有過即改，方是真切工夫。……若只管求光景，說效驗，卻是助長外馳病痛，不是功夫。❻

有學生問：「近來用功，亦覺妄念不生。但腔子裏黑窣窣的，不知如何打得光明?」他問的，即是靜坐時的「光景」。陽明的答覆是：

> 初下手用功，如何腔子裏便得光明?……須俟澄定既久，自然渣滓盡去，復得清來。汝只要在良知上用功。良知存久，黑窣窣自能光明矣。❻

人生在世，不應完全分開「內」與「外」，「動」與「靜」，而可通過靜坐，與生活上的磨鍊，來貫通內外動靜。甚至於，人不應為獨善其身而求善聖。儒家的理想，包括內聖外王。修身之餘，必須推己及人，進一步追求齊家、治國、平天下。可是靜坐帶來的困擾，就是喜靜厭動。陽明深知這危險。他寫信給汪俊（石潭）時，就反對這種將修身分為二片的趨向，並且勸導他說：「吾

---

❺　《傳習錄》上，《王陽明全書》（一），13 頁。

❻　見上，22 頁。

❻　《傳習錄》下，見上，83 頁。這裏學生形容的「黑窣窣」的光景，即神秘經驗中所謂「心靈上的黑夜」。參看本書第八章。

兄且於動處加工，勿使間斷。動無不知，即靜無不中。」❷

　　陽明離開滁陽 (1515) 後，不再多教靜坐，就是為避免學生「入靜」而厭動。其後他也說明自己如何在教學方面將重點移到「致良知」上去。

　　　良知明白，隨你去靜處去悟也好，隨你在事上磨鍊也好。
　　　良知本體，原是無動無靜的。❸

四、人人皆可成聖

　　陽明的弟子錢德洪在講述陽明教學過程時，也將他的學說，解釋為一種修身法。根據這看法，陽明覺得人生的主要問題，是如何修身，成聖。朱熹的意思，是「居敬窮理」。他贊成的，是勤學求理，追求多方面的學問，但是尤其注重與人生哲理有關係的學科。他認為，若是這樣做，則遲早必可達到豁然全悟的境界。陽明曾經試過這方法，但是覺得，哲理是無法窮盡的。若是成聖之前，必須先求明理、窮理，「人人皆可成聖」即成廢話；而只有學者才有資格求聖。

　　陽明發現了「聖人」的真意義。聖人所指的，不是「生而有知」的超人。聖人原來與凡人一般，並無全知全能的天賦。所以孔子入太廟，也得問人大禮的細節。❹聖人也不一定無過失，只是勤求去私而已。比如古之堯舜：

❷　〈答汪石潭書〉，《王陽明全書》（二），3頁。

❸　《傳習錄》下，《王陽明全書》（一），87頁。

❹　《論語‧八佾篇》第三。

若堯舜之心，自以為無過，即非所以為聖人矣。其相授受
之言曰：「人心惟危，道心惟微，惟精惟一，允執厥中。」
彼其自以為人心之惟危也，則其心亦與人相同耳。危即過
也，惟其兢兢業業，嘗加精一之功，是以能允執厥中，而
免於過。㊻

　所以凡人與堯舜之間的距離並不大。堯舜是聖，只是因為他
們勤求「存天理、去人欲」的工夫。人人皆可成聖，也表示人性
同有的向善心。這是人性尊嚴，與人人平等的基礎。
　陽明的聖論，尤其在與蔡希淵等人的談話中發揮。蔡希淵同
意聖是可學而至的，但是不懂為何如此相異的人——孔子、伯夷、
伊尹——都稱為聖。換句話說，他極崇孔，所以不懂德力低於孔
子的人，如何也可稱聖。他的問題，可說是：聖人也有等級嗎？
　在答覆時，陽明引用的比譬是精金：

人到純乎天理方是聖，金到足色方是精。然聖人之才力，
亦有大小不同，猶金之分兩有輕重。堯舜猶萬鎰，文王孔
子有九千鎰……伯夷伊尹猶四五千鎰。才力不同，而純乎
天理則同。皆可謂之聖人。猶分兩雖不同，而足色則同。㊼

精金的比喻，同時也肯定，聖是可學而至的：

故雖凡人，而肯為學，使此心純乎天理，則亦可謂聖人。
猶一兩之金，比之萬鎰，分兩雖懸絕，而其到足色處，可
以無愧，故曰，人人皆可以為堯舜者以此。㊽

㊻　〈寄諸弟〉，《王陽明全書》（二），21 頁。

㊼　《傳習錄》上，《王陽明全書》（一），23 頁。

天賦的不同，與成聖的工夫，又有何關係？陽明承認，中人以上的，可以安安妥妥，生知安行。但是中人以下的，卻要多化功夫，「人一己百」才可。不過他強調，成聖惟是求天理，與追求知識並無關係：

> 知識愈廣而人欲愈滋，才力愈多而天理愈蔽。……正如……不務煆鍊成色，……而乃忘希分兩……錫鉛銅鐵，雜然而投，分兩愈增，而成色愈下。既其梢末，無復有金矣。❻❽

有人不滿意陽明給孔子的評價比堯舜的低。陽明解答說，聖境實在不能以分兩相比，「只要此心純乎天理處同，便同謂之聖，若是力量氣魄，如何盡同得。……若除去了比較分兩的心……便能大以成大，小以成小。」❻❾

程頤教人，讀書「要識聖賢氣象。」❼⓪陽明以為識「氣象」不夠用。「若不就自己良知上真切體認，……真所謂以小人之腹，而度君子之心矣」。

> 聖人氣象，何由認得？自己良知，原與聖人一般。若體認得自己良知明白，即聖人氣象不在聖人，而在我矣。❼❶

學聖人氣象的短處，是猜測與模擬。學者自以為聖人與凡人不同，舉止必較嚴肅；因而做出聖人樣子，反是不對。天氣熱時，

❻❼ 《傳習錄》上，《王陽明全書》（一），23 頁。

❻❽ 同上。

❻❾ 見上，26 頁。

❼⓪ 《二程全書·遺書》卷二十二上。

❼❶ 〈啟問（周）道通書〉，《傳習錄》中，《王陽明全書》（一），4 頁。

陽明曾用扇，又囑咐門人用扇，門人說不敢時，他即說：「聖人之學，不是這等綑縛苦楚的。不是裝作道學的模樣。」❼❷

門人有講學者，怨稱聽者少時，他的解釋是：

> 你們拏一箇聖人去與人講學。人見聖人來，都怕走了。如何講學行。須做箇愚夫愚婦，方可與人講學。❼❸

陽明贊成隨材施教。「狂者，使從狂處成就他……狷者使從狷處成就他。」❼❹他的聖論，又極樂觀。有兩次，門人分別說：「滿街都是聖人。」陽明給前者（王艮 1483–1540）的反應是：「你看滿街人是聖人，滿街人倒看你是聖人。」似有首肯之意。但是他給後者（董澐 1457–1533）卻說：「此亦常事耳。何足為異?」❼❺

他解《中庸》第三十一章語「惟天下至聖，為能聰明睿知」❼❻時，即說：

> 舊看何等玄妙！今看來原是人人自有的。耳原是聰，目原是明，心思原是睿知。聖人只是一能之爾。能處正是良知。眾人不能，只是箇不致知。何等明白簡易！❼❼

他又喜用「明鏡」比心。聖人之心如明鏡，常人之心如昏鏡；聖凡功夫有別：

---

❼❷　《傳習錄》下，《王陽明全書》（一），87 頁。

❼❸　見上，97 頁。

❼❹　見上，87 頁。

❼❺　《傳習錄》下，《王陽明全書》（一），97 頁。

❼❻　《中庸》第三十一章（一）。

❼❼　《傳習錄》下，《王陽明全書》（一），91 頁。

> 聖人的心，纖翳自無所容，自不消磨刮。若常人之心，如
> 斑垢駁雜之鏡，須痛加刮磨一番，盡去其駁蝕，然後纖塵
> 即見，纔拂便去，亦自不消費力。❼⃝

　　陽明的「聖論」，似屬晚年之教。實則與入學的起點不可分。
有門人環坐時，陽明曾說過：「汝輩學問不長進，只是未立志。」❼⃝
又說：

> 你真有聖人之志，良知上更無不盡。良知上留得些子別念
> 掛帶，便非必為聖人之志矣。❽⃝

可見「立志」既是入學之起點，也可算是「終點」，「知行合一」
亦然。當門人舉《中庸》分指「博學之」，「篤行之」❽⃝時，陽明
答說：「博學只是事事學存天理。篤行只是學之不已之意。」又說：

> 世人分心與理為二，故便有許多病痛⋯⋯要來外面做得好
> 看，卻與心全不相干⋯⋯故我說箇心即理。要使知心與理
> 是一箇，便來心上做功夫，不去襲義於外⋯⋯此是我立言
> 宗旨。❽⃝

又加上一句說：「道一而已⋯⋯天地聖人皆是一箇。如何二得？」❽⃝

❼⃝　〈答黃宗賢、應原忠書〉(1511)，《王陽明全書》(二)，2 頁。「磨
　　鏡」是禪語；宋明理學家多用之。參看本書第七章。

❼⃝　《傳習錄》下，《王陽明全書》(一)，87 頁。

❽⃝　同上。

❽⃝　見上，101 頁。參看《中庸》第二十章（十九）。

❽⃝　見上，101 頁。

❽⃝　同上。

第四章　論學的焦點：「格物」

君子之學，豈有心於同異，惟其是而已。❶

一、引　言

王陽明與朱熹兩人都特別尊崇《大學》。但是他們學說的相異，尤其在解釋此書處可見。筆者指的，是有關格物致知誠意正心的看法。其中尤以格物說，引起陽明在世時與他身後最多的爭論。

朱熹跟從程頤的說法，將《大學》認作孔子的遺書，是專為開啟「初學入德之門」的設教。他說《大學》可以給人見到「古人為學」的「次第」。❷他又為之分章斷句，將前七段認作曾子述孔子言的「經」，其餘十章，算是門人記曾子意的「傳」。他又將「經」部份「大學之道在親民」的「親」字，改成「新」字。❸

「經」的解說固在「傳」。但是朱熹相信，解釋「格物致知」

---

❶　〈答友人問〉，《王陽明全書》（二），49 頁。

❷　即述說所謂「三條」（明明德、新民、止於至善）與「八目」（格物、致知、誠意、正心、修身、齊家、治國、平天下）。

❸　詳見《大學章句》（《四書集注》本）。程頤之意，見《二程全書·伊川經說》卷五，3-5 頁。

的一章已亡佚不見；所以他親自借程頤之意，為經補傳，在原有的十字後，加上冗長一段話。其中說到：

> 所謂致知在格物者，言欲致吾之知，在即物而窮其理也。蓋人心之靈，莫不有知，而天下之物，莫不有理；惟於理有未窮，故其知有不盡也。是以《大學》始教，必使學者即凡天下之物，莫不因其已知之理，而益窮之，以求至乎其極。❹

這裏加上的意思，尤其是「即物而窮理」。「理」的概念，是朱熹引入「物」內，又引入《大學》內的。「所謂窮理者，事事物物各自有箇事物底道理。❺窮之須要周盡；若見得一邊，不見一邊，便不該通。」❻朱熹解釋「理」字，多用做人道理，比如「娶妻必告父母，學者所當守；不告而娶，自是不是。」❼

朱熹又訓「格」字，為「至」或「盡至」的意思，「物」字，為「事物」，包括自然與社會的現象與道德行為的規範：「格物是物物上窮其至理；致知是吾心無所不知。格物是零細說；致知是全體說。」❽

朱熹認為這樣做，可以使人明白心體：

> 至於用力之久，而一旦豁然貫通焉。則眾物之表裏精粗，無不到。而吾心之全體大用，無不明矣。❾

❹ 《大學章句》，第五章釋義。
❺ 《朱子語類》卷十五，7頁甲。
❻ 見上，7頁乙—8頁甲。
❼ 見上，2頁甲。
❽ 見上，8頁甲。

　　由此可見，朱學也求「明心」，並且認此為「為學」的終點。不過，朱熹堅持說，修持亦有其次第；比如格物與致知，是入學的第一步。至於誠意與正心，則是格致以後才做得到的。

　　陽明的見解大有不同。陽明認為，入學的第一步，是「立心」。而心的本身，既是入學的起點，又是成聖的終點。心是人原有的，也是待的；心是自動自發的；既能知，又能行。

> 身之主宰便是心。心之所發便是意。意之本體便是知。意之所在便是物……所以某說無心外之理，無心外之物。❿

　　陽明針對朱熹的「格物說」，而解釋他自己的意思。他認為「心」是身、意、知、物的關鍵；而且具有萬理。他不同意朱熹的先知後行，先格後誠的方法。為他而說，成聖不僅是初學者的最後目的，而也是時時刻刻不可遺忘的事。初學者必須立下志願，走上成聖的路；並漠視其他一切，包括生命的長短在內。他們聽從的，是《孟子·盡心篇》上的話:「殀壽不貳，修身以俟之，所以立命也。」陽明說:

> 於事事物物上求至善，卻是義外也。至善是心之本體。只是明明德到至精至一處便是，然亦未嘗離卻事物。本註所謂「盡夫天理之極，而無一毫人欲之私」者，得之。⓫

---

❾ 《大學章句》第五章釋義（續）。

❿ 《傳習錄》上，《王陽明全書》（一），5頁。參看唐君毅〈陽明學與朱陸異同重辨〉，《新亞學報》卷八 (1968)，53–126頁；卷九 (1969)，1–69頁。

⓫ 見上，2頁乙，「本註」指《大學章句》解「知止而後有定」句。「義外」指《孟子·告子篇》上（四）。

二、格物論辯

陽明承認，立志成聖，是不易做的。唯有全心全意，追求成聖的人，才肯獻出自己的一切。但是，他也覺得，惟有這樣做，才不愧有此一生。不然，若是某人只求格物與致知，他永遠不會達到聖域。所以陽明反對朱熹的格物說。他認為朱熹將修身的步驟顛倒了，使初學者無處開始。❷

陽明以「正」字的意思，解釋「格」字，又以「事」字的意思，解釋「物」字。朱熹的格物說，如同一條直線，令人窮究物理。陽明的格物說，卻倡言「在事上正心」，即是要求人心自善，似是圓線型的活動。他的「事」字，實指生活上的磨鍊。

> 君子之學，惟求得其心……朱子白鹿之規，首之以五教之
> 目，次之以為學之方，又次之以處事接物之要……世之學
> 者往往遂失之支離消屑。❸

陽明反對朱熹給《大學》的增句與注釋。他始終堅持，誠意是《大學》一書的中心意旨，這也是他在 1513 年寫的一封長信裏表示的。

> 《大學》次第，但言物格而后知至，知至而後意誠。若窮
> 理之極而後意誠，此則朱先生之說如此，……，與《大學》

---

❷ 《傳習錄》上，《王陽明全書》（一），5 頁。

❸ 〈紫陽書院集序〉，《王陽明全書》（一），185 頁。陽明指的，是朱熹
　為白鹿洞書院所訂的學規。見《朱子大全》卷七十四，16 頁乙─17
　頁乙。

本旨，卻恐未必盡合耳。❹

陽明認為朱熹將格物篇放在誠意篇前，是將字句的意思與次序顛倒了。他自己以「誠意」為《大學》一書的中心意旨。他又以《中庸》訓《大學》：

> 大抵《中庸》功夫，只是誠身。誠身之極，便是至誠。《大學》功夫，只是誠意。誠意之極，便是至善。功夫總是一般。⓯

陽明化了相當時間，試度將自己的意思，與朱熹的意思相融通。在〈紫陽書院集序〉內，⓰他作了這項表示，他指出朱說有支離的趨向，而自己的格物說，可以補朱說之缺。他準備公開表示立場，那是 1518 年。⓱

若是陽明只是在私人書信與談話中，發表他對於朱熹的意見，他也不至於惹起學界的糾紛，不過，1518 年，他刊刻了兩部書：《大學古本旁注》，與《朱子晚年定論》。自此以後，情況就大有不同。

在〈大學古本序〉中，陽明堅持說：「《大學》之要，誠意而已矣，誠意之功，格物而已矣。誠意之極，止至善而已矣。」⓲

他又指斥朱熹，竄私改經書：

---

❹ 〈答王天宇書〉（二），《王陽明全書》（二），15 頁。王天宇名承裕。

⓯ 《傳習錄》上，《王陽明全書》（一），32 頁。

⓰ 《王陽明全書》（一），185 頁。

⓱ 1518 年也是陽明很忙的一年。此年的前半截時間，他在贛西行軍；同年他又喪失了他的愛徒與妹夫徐愛。

⓲ 〈大學古本序〉，《王陽明全書》（一），188 頁。

聖人懼人之求之物外也，而反覆其辭。舊本析而聖人之意
亡矣。是故不務於誠意，而徒以格物者，謂之支。⑲

他反對朱熹以「敬」字解釋格物章：「合之以敬而益綴，補之
以傳而益離。」⑳他自己則刪去朱熹的章句斷義，恢復了《大學古
本》的原來面目，又為之加上旁注。「庶幾復見聖人之心，而求之
者有其要。」㉑

朱熹修改的《大學》，與他加上的注釋，在元明兩代已成為定
本。陽明卻恢復了宋以前的《大學古本》。這已是很大膽的行為。

至於《朱子晚年定論》一書，則是陽明從朱熹寫給廿四位學
生與友人的論學書中，採錄出來的。他又加上元朝學者吳澄（草
廬 1239–1333）的話，一同刊出。㉒他自述出書之意。說在龍場
有悟後，雖明聖人之道，「獨於朱子之說，有相牴牾，恆疚於
心。」㉓後來重讀朱書，發現他晚年之說，與早年中年實有不同：

世之所傳「集註」「或問」之類，乃其中年未定之說，自咎
以為舊本之誤，思改正而未及，而其諸「語類」之屬，乃
其門人挾勝心以附己見，固於朱子平日之說，猶有大相繆
戾者。㉔

---

⑲　〈大學古本序〉，《王陽明全書》（一），188 頁。
⑳　同上，陽明所謂以「敬」釋「格物」，是指《朱子語類》卷十八與
　　《大學或問》所述見《四書或問》卷二，15 頁乙（四庫全書本，臺
　　北，商務）。
㉑　〈大學古本序〉，見上，188 頁。
㉒　《朱子晚年定論》見於《王陽明全書》（一），107–118 頁，至於元
　　儒吳澄，傳陸九淵學說的事，可參看《宋元學案》卷九十二。
㉓　〈朱子晚年定論序〉，見上，106 頁，這序是三年前寫出的。

朱熹的《四書集注》,《大學或問》, 既屬明朝學者的必修科目, 王陽明這類論說, 實是驚世之談, 他又繼續說：

> 且暇夫世之學者, 徒守朱子中年未定之說, 而不復知求其晚歲既悟之論……, 不自知其已入異端。㉕

陽明的話, 引起極大的爭執, 從明至清, 一直有人辯論此事, 我們也可以由陽明與湛若水、羅欽順兩人間的往來書信而見一斑。

(1)內與外

羅欽順 (整菴) 比王陽明年長九歲, 是當時的程朱派名儒, 又官任吏部侍郎, 比陽明的地位也高, 他少年時曾學禪, 歸儒後又持有獨見, 給理氣的解釋, 不全與程朱一般。㉖他的見解, 由中國傳去朝鮮與日本, 相當有影響力。他看了陽明寄給他的兩本書後, 即寫信給陽明, 爭論格物的意思。羅氏已看過《傳習錄》(卷上); 他承認王陽明「天資絕出, 日新不已。」㉗又說他「恆妙於獨得」。㉘

羅欽順認為王陽明的格物說, 專談養心, 不論及外物, 忘卻了「格物」在《大學》書內的位置, 實是誤解《大學》：

> 如必以學不資於外求, 但當反觀內省以為務。則「正心誠

㉔　〈朱子晚年定論序〉,《王陽明全書》(一), 108 頁。

㉕　同上。

㉖　黃宗羲《明儒學案》卷四十七。

㉗　〈與王陽明書〉(一),《羅整菴集存稿》卷一, 8 頁。張伯行編,《正誼堂全書》(1866 年版)。

㉘　見上 (第二書), 10 頁乙。

意」四字亦何不盡之有？何必於入門之際，便困以「格物」
一段功夫也？顧經既有此文，理當尊信，又不容不有以處
之。㉙

羅欽順又說，陽明以「誠意正心」訓「格物」意，表示「厭
繁取徑」，「局於內而遺其外」，似有「明心見性」之意，接近禪宗
思想。他堅持「心」與「性」間的區別，而反對陽明的「心即
理」㉚。他又指出，吳澄若是得於「見性」，也是長年研習經書，
勤讀註解的結果。㉛

陽明回答時，提出「道必體而後見」之語：

> 世之講學者有二：有講之以身心者，有講之以口耳者。講
> 之以口耳，揣摸測度，求之影響者也，講之以身心，行著
> 習察，實有諸己者也。㉜

他堅持「反觀內省」並非求之於內。

> 夫理無內外，性無內外，故學無內外。……夫謂學必資於
> 外求，是以己性為有外也，是義外也。……謂反觀內省為
> 求之於內，是以己性為有內也。㉝

陽明的覆信，針對羅欽順的「理氣」論，而以「理」字解釋
心、意、知、物：

㉙ 〈與王陽明書〉（一），見上，7 頁乙。

㉚ 同上。

㉛ 見上，9 頁。

㉜ 〈答羅整菴少宰書〉，《傳習錄》中，《王陽明全書》（一），62 頁。

㉝ 同上。

「理」一而已，以其理之凝聚而言，則謂之「性」。以其凝聚之主宰而言，則謂之「心」。以其主宰之發動而言，則謂之「意」。以其明覺之感應而言，則謂之「物」，故就物而言，謂之「格」。就知而言，謂之「致」。就意而言，謂之「誠」。就心而言，謂之「正」。正者，正此也；誠者，誠此也；致者，致此也；格者，格此也。皆所謂窮理以盡性也。❸❹

他又堅持自己的格物論：

故格物者，格其心之物也，格其意之物也，格其知之物也。正心者，正其物之心也。誠意者，誠其物之意也。致知者，致其物之知也。此豈有內外彼此之分哉。❸❺

　　陽明本身在晚年，回答學生提出的有關格物的問題時，也重複申明自己的意思。他的用意，是反復指出，「物理」不是與生活無關係的抽象哲理，而是來自內心的道德規範。他恐怕，將道德客觀化與抽象化，即是將道德與人生隔開。基本上說，陽明覺得朱熹的格物說，是片面性的，偏於學問，而自己的看法，是全面性的，會通了思惟與行為。所以他也告訴羅欽順：

某之所謂格物，其於朱子九條之說，皆包羅統括於其中。但為之有要作用不同，正所謂毫釐之差耳。❸❻

---

❸❹　《傳習錄》中，《王陽明全書》（一），63頁。

❸❺　同上。

❸❻　同上。「九條」出自《大學或問》，中有「今日格物，明日又格一物」，「一草一木皆有理，不可不察」等語，說格物致知所當用力之

陽明在當時〈答顧東橋書〉內，也申明這意思，並明辨自己
與朱熹間的距離：

> 朱子以「盡心知性知天」，為物格知致。以「存心養性事
> 天」，為誠意正心脩身。以「夭壽不貳脩身以俟」為知至仁
> 盡……若鄙人之見，則與朱子正相反矣。夫「盡心知性知
> 天」者，生知安行，聖人之事也。「存心養性事天」者，學
> 知利行，賢人之事也。「夭壽不貳，脩身以俟」者，困知勉
> 行，學者之事也。❸

他又以「致良知」解「致知」：

> 若鄙人所謂致知格物者，致吾心之良知於事事物物也。吾
> 心之良知，即所謂天理也……是合心與理為一也。❸

陽明也解釋「誠意」。他以孝親為例，但是說「意欲奉養」的
「意」，尚非「誠意」。必到「實行」奉養時，「務求自慊，而無自
欺，然後謂之誠意」❸就如他以《中庸》解《大學》時，說過：

> 率性之謂道，誠者也。脩道之謂教，誠之者也。故曰：自
> 誠明，謂之教。《中庸》為誠之者而作。❹

處，與其次第。見 12–21 頁。再參看《二程全書・遺書》卷十八，
5 頁乙。

❸ 《傳習錄》中，《王陽明全書》（一），36 頁。「盡心」、「存心」、「夭
壽不貳」，俱出乎《孟子・盡心篇》。

❸ 見上，37 頁。

❸ 見上，40 頁。

❹ 〈脩道說〉，《王陽明全書》（一），163 頁。

陽明以「誠意」總攝《大學》《中庸》之教：

> 《大學》之所謂誠意，即《中庸》之所謂「誠身」也。
> 《大學》之所謂格物致知，即《中庸》之所謂明善也……
> 格物致知之外，又豈別有所謂誠意之功乎?《書》之所謂精
> 一，《語》之所謂博文約禮，《中庸》之所謂尊德性而道問
> 學，皆若此而已。❹

陽明認為，聖人之學，是「至易至簡，易知易從，易能……
易成」的。「聖人之心，以天地萬物為一體。」非聖人者之心，卻
有私欲。若得去私欲，除功利，即可以立誠意，成聖賢。這是所
謂「拔本塞源」論。❹

(2)知與行

除了羅欽順之外，湛若水也提出關於陽明的格物說的異議，
羅氏的思想是自學來的，湛氏卻是吳與弼高足陳獻章的高足❹，
也比陽明年長。湛王交遊已久，陽明從若水處，也學到不少。他
曾經讚湛氏之學：

> 某幼不問學，陷溺於邪僻者二十年，而始究心於老釋；賴

---

❹　〈答王天宇書〉（二）(1514)，《王陽明全書》（二），16 頁。

❹　〈致顧東橋書〉，《傳習錄》中，《王陽明全書》（一），44–46 頁。「拔
本塞源」語，出自《左傳》，昭公九年。參看《春秋左傳正義》卷四
十五，3 頁乙。歐陽修撰〈本論〉，即引用之。見《歐陽文忠公文
集》（四部叢刊本）卷十七，1 頁甲–6 頁乙。王陽明亦沿其去功利，
正人心之意。

❹　參看黃宗羲《明儒學案》卷三十七。

> 天之靈，因有所覺；始乃沿周程之說求之，而若有得焉……
> 晚得友於甘泉湛子，而後吾之志益堅，毅然若不可遏，則
> 予之資於甘泉多矣。❹

他也稱讚湛氏之學：

> 甘泉之學，務求自得者也。世未之能知，其知者且疑其為
> 禪，誠禪也，吾猶未得而見。而況其所志，卓然如此。則
> 如甘泉者，非聖人之徒歟？

湛王兩人在基本上，距離並不大。湛氏較為主理主知，所以
常說「隨處體認天理」的話。❺

陽明一方面通過湛氏，而接受了來自陳獻章的「自得」與人
與萬物同體的學說。另一方面，逐漸超出這範圍。在 1512–1518
年間，他陸續發揮獨立的新解。從那時開始，陽明給若水的影響，
深於若水給他的影響。兩人繼續交遊，到陽明逝世為止 (1529)。

湛若水的講學宗旨是來自程顥的「天理」與「自得」。當然，
朱熹也注重天理；所以湛若水的「隨處體認天理」，仍舊與朱熹的
窮理說保留關係。陽明也因此與若水辯論格物說，指出本於事上
磨鍊的「自得」，❻實與依附經書權威的「窮理」有所不同。陽明
認為心與物既是一體，即不須依靠經書的權威，而能在入學成聖
途中，自給自足。湛若水則力辯，經書仍有其重要性。

1515 年，陽明已與湛若水討論過《大學》古本、新本的長

❹ 〈別湛甘泉序〉(1511)，《王陽明全書》(一)，179 頁。

❺ 同上。

❻ 「自得」之說，好自然，重自覺。「與物同體」即是發揮仁心，以與
道同體，皆是來自程顥的學說。

短，與格物說的解釋。當時兩人已不能同意。陽明的弟子記載說：「甘泉持舊說。先生曰：是求之乎外了。甘泉曰：若以格物理為外，是自小其心也。」❹

這場談話後的第二天，湛氏致信陽明，暢論自己的意思，並且反對陽明給「物」字的訓義。

> 兄意只恐人舍心求之於外……不肖則以為人心與天地萬物為體。心體物而不遺；認得心體廣大，則物不能外矣。故格物非在外也。❹

湛氏在〈心性圖說〉中，也述出心、性與萬物間的關係。他畫出一大圓圈，內中附有三小圓圈。大的圈子代表包羅萬物的心與性；小的代表萬物之通，是由於「敬」的功夫。這功夫包括《中庸》教的「慎獨」，與喜怒哀樂的「中和」，再加上生活上的道德實踐。可見湛氏的修身法，由人心出發，又以「敬」擴大人心，直至它包羅萬物萬事才止。陽明卻相反地教人除去私欲，幾乎有使心虛空的意思。

陽明的學生陳九川（惟濬），曾經表示自己對湛若水的解釋，有所同情。陽明在答覆上再度澄清心與身的關係，他的大意，是以心為身之主，而以物為與身、心、意、知一體。他堅持身心的不可分：

> 耳目口鼻四肢，身也。非心。要能視聽言動。心欲視聽言動，無耳目口鼻四肢，亦不能。故無心則無身。無身則無

---

❹　《傳習錄》下，《王陽明全書》（一），75 頁。

❹　〈與陽明鴻臚〉，《甘泉文集》（資政堂版，1866）卷七，1 頁甲。

心。㊾

1517–1520 年間，陽明行軍忙碌，湛若水則因喪母歸鄉。他逐漸失去對於《大學古本》所持的成見，而愈為接近陽明的立場。比如他表示同意陽明將朱熹私改的「新」民恢復為「親」民，他也將格物訓為「隨處體認天理」，但是在某一點上他仍舊堅持己見：他仍用「天理」兩字論格物：

> 甘泉用功，所以轉得來，當時與說親民字不須改。他亦不信，今論格物亦近，但不須換「物」字為「理」字，只還他一「物」字便是。㊿

為陽明來說，湛若水仍用「理」字，即是表示他仍然以物理為要，想藉格物窮理，以止於至善，並稱之為「體認天理」。為湛若水來說，單以「誠意」解釋《大學》一書也有不足之處；他承認心與物不可分，但是他也堅持它們二者實有不同。他訓「格」為「至」，「物」為「天理」；認為「格物」即是窮盡宇宙之理。

陽明在致友人顧麟（東橋）書中，說出他對湛氏的格物說的看法：

> 《大學》格物之訓……如以「至」字為義者，必曰窮至事物之理，而後其說始通。是其用功之要，全在一「窮」字，用力之地，全在一「理」字也。(51)

㊾ 《傳習錄》下，《王陽明全書》（一），75 頁。

㊿ 見上，76 頁。

(51) 〈答顧東橋書〉，《傳習錄》中，《王陽明全書》（一），39–40 頁。

湛若水於 1522 年,寫了一封長信,詳述他與陽明對於格物論看法的不同,並且對於陽明的看法,提出四項意見。其中兩項有關訓意。他說陽明曲解《大學》的總意,忘卻了格物的上下文。他尤其反對陽明以「正念頭」來解格物之義,認為陽明的「唯心」,使人失去是非的標準:「則念頭之正否,亦未可據。」並且拋棄了正統與異端的區別,「如釋老之虛無,則曰應無所住而生其心……亦自以為正矣。」❺❷

湛氏因此力主「道問學」的不可廢:「兄之說徒正念頭,則孔子止曰『德之不修』可矣;而又曰『學之不講』何耶? ……子思止曰『尊德性』可矣,而又曰『道問學』者何耶?」❺❸

陽明給湛氏的這封信,有無書面回覆,我們不得而知。但是陽明給羅欽順的信中,已經說出他對「道問學」的看法。

王湛在格物論方面的異議,尤其是實踐性的,陽明以「尊德性」為要,堅持「知行合一」,並且認為「知」寓於「行」。他的實踐重點,即是人心給萬事的感應。湛若水比較重視知識,不肯完全否認經書的權威,也不願完全肯定人心為一切道德的規範。他認為訓「格物」為「體認天理」,則可避免陷入唯心論的圈套。陽明並不反對「體認天理」,但是將它訓為「去私意」、「存天理」。他與湛氏的分歧所在,實在有關經書的重要性。陽明否定經書的必要;湛若水則不同意。湛氏堅持的,是學古人書,他覺得不學

---

❺❷　〈答陽明王都憲論格物〉,《甘泉文集》卷七,25–26 頁。「應無所住而生其心」出自《金剛經》,傳是慧能少時聞而得悟之語。見《六祖大師法寶壇經》卷一。《大藏經》第 2008 號,348 頁注三。原語則見《金剛般若波羅密經》鳩摩羅什譯。《大藏經》第 236 號 758 頁乙。

❺❸　〈答陽明王都憲論格物〉,見上,26 頁甲。

古書，不得正心。

王陽明死後多年 (1533)，湛若水發表了《聖學格物通》之書，共一百卷，❺❹並獻書於明世宗。他在書內發揮了自己的看法，以格物來貫通《大學》的三條八目，包括治國平天下在內。

三、王陽明與「經傳」的權威

王陽明若是公開反對朱熹的學說，也是不得已的。他明知自己與朱熹都是聖門之徒。他也不完全否定朱熹所說的一切。他認為朱熹是賢人，生平勃勃好學，並以重興儒家為己任，可惜著述過多，犯支離之病。

陽明在 1518 年曾刊刻《朱子晚年定論》，並在序中述說自己的求學過程，與發現朱熹晚年對於早年論說之誤，有所後悔。

可是羅欽順指出陽明此書的錯誤甚多。尤其在採錄朱熹書信時，並無詳細考查其年歲早晚；引述朱言時也常斷章取義，所謂「晚年定論」實在不可成立；實是「考之欠詳而立論太果也。」❺❺這確是陽明的疏忽。陽明也終於承認了：

> 中間年歲早晚，誠有所未考，雖不必盡出於晚年，固多出於晚年矣。然大意在委曲調定，以明此學為重。❺❻

❺❹ 《聖學格物通》（揚州，1533 年版，膠卷）。

❺❺ 〈與王陽明書〉，《羅整菴集存稿》卷一，7–9 頁。

❺❻ 〈答羅整菴少宰書〉，《傳習錄》中，《王陽明全書》（一），64 頁。根據顧炎武 (1613–1682)，《朱子晚年定論》在他生時仍有人議論；但顧氏本人認為羅欽順已下定議。見《日知錄集釋》卷十八，23 頁。陳建在這方面也作了詳細的考證。見《學蔀通辨》卷十一，2–14 頁

他解釋自己出書之苦心：

> 平生於朱子之說，如神明蓍龜。一旦與之背馳，心誠有所
> 未忍，故不得已而為此。❺❼

(1)陽明與傳注

朱熹對於經書，確實很尊敬；並且勤加註釋，以訓後人；給
儒家立下鉅大的貢獻。可是他自視甚高；一方面認為經書的文章，
不是任何人可以修改的，另方面卻自己憑私意改變經文，為《大
學》編章加字；無怪陽明說他目無古人。朱王二人的學說與學風，
皆有不同。的確不可和合，王陽明實非考據學者；他的融通自己
與朱熹思想的試度，也失敗了。他的為學態度，全是心學派的態
度；真如陸九淵所說：「六經皆我註腳」。可是，陽明的另一撰述：
《大學古本旁注》，卻在經學史上，留下深刻的印象。他要恢復
《大學》的原來面貌，也得到局面性的成功。陽明將「新民」，復
為「親民」，他參考漢唐時的註釋，以作「旁注」，竟博得後代的
稱揚。❺❽但是，他寫注的原因，是為了倡言誠意，而不是為了立
傳注的事業，他特別斥責朱熹私改《大學》的經文：

> 舊本之傳數千載矣……亦何所按據而斷其此段之必在於
> 彼，彼段之必在於此……❺❾

至於陽明自己，因刊刻《大學古本》而受人責他「背朱」。他

（《正誼堂全書》本）。

❺❼ 〈答羅整菴少宰書〉，見上。
❺❽ 朱彝尊《經義考》（四部備要版）卷一百五十九，3頁甲。
❺❾ 〈答羅整菴少宰書〉，《傳習錄》中，見上，62頁。

不禁質問一句：「無乃重於背朱，而輕於叛孔已乎?」⓺

他依附孔子的權威，為《大學古本》的重刊而辯護：

> 《大學古本》，乃孔門相傳舊本耳。朱子疑其有所脫誤而改
> 正補緝之。在某則謂其本無脫誤，悉從其舊而已矣。失在
> 過信孔子則有之；非故去朱子之分章而削其傳也。⓺

陽明與徐愛談話時，即強調經重於傳，並批評傳註的繁多，無益
於求學。他說：「聖人只是要刪去繁文，後儒卻只要添上。」⓺

他又將聖人作經，比於畫家作像：

> 如寫真傳神，不過示人以形狀大略，使之因此而討求其真
> 耳。其精神意氣，言笑動止，固有所不能傳也。後世著述，
> 是又將聖人所畫，摹倣謄寫，而妄自分析增加，以逞其技。
> 其失真愈遠矣。⓺

(2)陽明與經書

陽明認為，聖人作經，只是為正人心，存天理，去人欲，就
如富家族將家庭產業記下，以傳子孫。因此六經在人心中的印象，
就同產業的名狀、數目。俗儒不在心中求經書真義，而徒求字音，
也如富家子弟，化盡家產後，單指陳舊的產業記籍，引以為傲。⓺

⓺　〈答羅整菴少宰書〉，《傳習錄》中，《王陽明全書》（一），62頁。

⓺　同上。

⓺　《傳習錄》上，《王陽明全書》（一），8頁。

⓺　見上，10頁。筆者認為，朱熹的改經與補傳，與陽明的重刊《大學
　　古本》，都表示「心學」的主觀，與心學家的自負。

⓺　〈稽山書院尊經閣記〉，《王陽明全書》（一），214–215頁。

陽明反對以訓詁為註經方法。他認為經書的真義，也與人生不分；學者須反復讀經，直到了解真義為止。

> 六經非他，吾心之常道也。故《易》也者，志吾心之陰陽消息者也。《書》也者，志吾心之紀綱政事者也。《詩》也者，志吾心之歌詠性情者也。《禮》也者，志吾心之條理節文者也。《樂》也者，志吾心之欣喜和平者也。《春秋》也者，志吾心之誠偽邪正者也。❻❺

這樣說來，陽明的思想體系中，固有道問學的位置。他說過：「格物致知者即誠意之功。道問學即尊德性之功。」當人問他看書不明時應如何，他說：

> 此只是在文義上穿求，故不明……須於心體上用功。凡明不得，行不去，須反在自心上體當，即可通。蓋四書五經不過說這心體。❻❻

陽明承認，經書的字句時常不易解。他也不是完全否認註經的用處。他為吳澄的《禮記纂言》作了新序；並讚它不如俗儒的註解一般，只談禮制與禮器，與其條理節目。比之木工：「方圓者，規矩之所出，而不可遂以方圓為規矩。」他自己訓禮為理，為性，為命：

> 維天之命，於穆不已；而其在於人也，謂之性。其粲然而條理也，謂之禮，其純然而粹善者，謂之仁……經禮三百，

---

❻❺　《傳習錄》上，《王陽明全書》（一），11頁。

❻❻　見上，12頁。

曲禮三千；無一而非仁也，無一而非性也。**❻❼**

禮制與器數，屬於形而下界，可謂是禮之末。要緊的，是求仁與盡性。

禮之於節文也，猶規矩之於方圓也。非方圓無以見規矩之用，非節文則亦無從而睹所謂禮矣……規矩者無一定之方圓，而方圓有一定之規矩。**❻❽**

陽明本身對於禮，實有所知；不過他反對「紛紜器數之爭，而牽制形名之末；窮年矻矻，弊精於祝史之糟粕。」**❻❾**

陽明在野時，明世宗以宗室子入接帝位，又為尊親父而惹起大禮儀之爭論。**❼⓪**陽明既非朝官，無須介入糾紛。以他本人來講，他似乎是崇尚人性真情的表露。但是他仍然堅持禮的「理」重於禮的「節」。我們有詩證明他對於大禮儀所引起的紛爭的不滿：

一雨秋涼入夜新，池邊孤月倍精神。
潛魚水底傳心訣，棲鳥枝頭說道真。
莫謂天機非嗜欲，須知萬物是吾身。
無端禮樂紛紛議，誰與青天掃宿塵。**❼❶**

可是他也不認為，孔子即擁有絕對性的權威；並且大膽倡言人心本身應是是非的最高標準：

---

❻❼ 〈禮記纂言序〉，《王陽明全書》（一），189–190 頁。

❻❽ 見上，190 頁。

❻❾ 同上。

❼⓪ 《年譜》（一），《王陽明全書》（四），135 頁。詳見《明史》。

❼❶ 〈碧霞池夜坐〉，《王陽明全書》（二），204 頁。

> 夫學貴得之心。求之於心而非也；雖其言之出於孔子，不
> 敢以為是也；而況其未及孔子者乎。求之於心而是也，雖
> 其言之出於庸常，不敢以為非也；而況其出於孔子者乎。❼❷

陽明論及經書的權威時，先引孔子以辯朱熹；然後又上訴於
「道」以示獨立於孔子。他說：

> 夫道，天下之公道也。學，天下之公學也。非朱子可得而
> 私也；非孔子可得而私也。❼❸

歸根究底，陽明對於外在的權威，包括經與傳、孔子與朱熹，
都不認為是絕對性的，他的至高權威，是自動自發、自決自善的
「心」。他的數首詩內，都顯露了這意思。以下是其一：

> 箇箇人心有仲尼，自將聞見苦遮述。
> 而今指與真頭面，只是良知更莫疑。
> 問君何事日憧憧，煩惱場中錯用功。
> 莫道聖門無口訣，良知兩字是參同。❼❹

既然如此，在成聖的途中，經書並無絕對性的權威與作用。
不過，經書仍然保留相對性的權威與作用。在另一首詩中，陽明

---

❼❷ 《傳習錄》中，《王陽明全書》（一），62 頁。陽明否認孔子有絕對性
的權威，也惹起多年的糾紛。清儒唐甄 (1630–1704) 雖崇陽明，但在
這方面，也有微言。見《潛書》(1885) 卷上，7 頁甲：「陽明子有聖
人之學，有聖人之才，而……無聖人之德者……以其小仲尼也。」

❼❸ 見上，64 頁。

❼❹ 〈詠良知四首示諸生〉（一）（二），《王陽明全書》（二），206–207
頁，第四行所提的「參同」，是指道教的《周易參同契》。

曾有此語，借佛教的「磨鏡」之喻，說儒家經書的用處：

> 千聖本為心外訣，六經須拂鏡中塵。
> 卻憐擾擾周公夢，未及惺惺陋巷貧。❼⑤

❼⑤　〈夜坐詩〉，《王陽明全書》（二），205 頁。

第五章　力學的重點：「致良知」

> 人若知這良知訣竅，隨他多少邪思枉念，
> 這裏一覺，都自消融。❶

一、引　言

正德十四年 (1519) 中旬至十六年 (1521) 初，陽明在軍政壇上，立了奇功。同時，他的哲學思想，也完全成熟。這是他自從龍場得悟以後的第二高峰。他的「心即理」的發現，是在居夷處困間自得的；他的「致良知」說，也是在生死患難之中發現的，原來他在建立奇功，生擒宸濠之後，卻遭到一生的最大困難。因為明武宗好大喜功，率領大軍南下，想要親征叛軍，在戰場上揚威。陽明受到宦官的暗示，要他將宸濠放生，以成就武宗的心願。可是這樣做，無辜的人民就會遭殃。陽明真是進退兩難；一方面，會得罪朝廷；另方面，則導致多人的死亡。過了約一個月的時間，他才設計獻俘給可靠的宦官張永；因而避免另一次戰禍。可是同年，他的祖母過世，父親衰疾；陽明也不得歸鄉省親。他眼見武宗大軍，南留幾有一年；小民稱苦而不能相助。他的弟子冀元亨，

❶　《傳習錄》下，《王陽明全書》（一），77 頁。

又因宸濠之亂時受他的委託，曾與宸濠論學，而受誣入獄死。真是種種壓力，到武宗北歸後，才稍得喘息。❷

陽明處此困境時，並不與在龍場得悟前一般，不得超脫自身的生死。但是他一方面有感於朝政，有傷於民苦；另方面又困於父老病危；有一段時間，真有莫知所措之感。他曾經有意逃避。《年譜》述，一次，陽明

> 中夜默坐，見水波拍岸，泊泊有聲，思曰：以一身蒙謗，死即死耳；如老親何？謂門人曰：「此時若有一孔，可以竊父而逃，吾亦終身長往不悔矣。」❸

陽明當時凡四次奏請朝廷，乞求回鄉省葬，都未得准許。他身處於忠君與孝親兩事之間，確感矛盾；竟有棄職逃歸之意。他也問諸友這事的是非，卻無一人贊成。事實上，天下無非王土，他也是無處可逃的；若是棄職，又是逆君命，必有惡果。所以他後來形容這段時間的遭遇為「百死千難」。❹這心理上的負擔，真是遠出戰場上的危險，真是「非天下之大勇，不足以處此。」❺

陽明若得渡過危機，甚至於發明「致良知」學說，又可歸功於這種磨鍊；真是「經一蹶，長一智。」

人生的壓力與考驗，加上他已發表的《大學古本旁注》，《朱子晚年定論》所引起的議論，卻使他的思想，精益入精；陽明最有名的「致良知」說，就是在那時發明的，陽明在心中有所得，

---

❷　《年譜》(一)，《王陽明全書》(四)，115–123 頁。

❸　《年譜》(一)，《王陽明全書》(四)，118 頁。

❹　同上，123 頁。

❺　〈從吾道人記〉，《王陽明全書》(一)，218 頁。

但是曾有一段時間，說不出口；自述：

> 近欲發揮此，只覺有一言發不出；津津然如含諸口，莫能
> 相度。❻

經過了宸濠之變後，陽明才正式開始講「致良知」的學說。
他聲稱：

> 某於此「良知」之說，從百死千難中得來；不得已與人一
> 口說盡。只恐學者得之容易，把作一種光景玩弄，不實落
> 用功負此知耳。❼

他自己認為，這新說實是以前舊說的進一步發揮：

> 吾「良知」二字，自龍場以後，便已不出此意。只是點此
> 字不出。與學者言，費卻多少辭說。今幸見此意，一語之
> 下，洞見全體，真是痛快。❽

二、致良知說

陽明說的「良知」，出自《孟子・盡心篇》上（十五）：

> 人之所不學而能者，其良能也；所不慮而知者，其良知也。
> 孩提之童，莫不知愛其親也。及其長也，無不知敬其兄也。

---

❻　《年譜》（一），《王陽明全書》（四），125 頁。

❼　同上。

❽　錢德洪〈刻文錄敘說〉（即〈舊序〉），11 頁。見《王陽明全書》
　　（一）。

> 親親仁也，敬長義也。無他，達至天下也。

陽明的話是：「是非之心，不待慮而知，不待學而能，是故謂之良知。」❾

可是陽明不只談良知二字，他的學說傳訣，是「致良知」，這等於引《孟子》言以解《大學》的「致知」言。「致」字即推致與實現。簡單說，致良知即是為善去惡也，就是在所有的內心選擇與行事上，恢復本性之善的意思。

明代的思想家，都好求「學法宗旨」。這可解為「成聖之學的方法」，他們也喜用幾箇單字，來綜括他們的學法。陽明的同代湛若水講的「隨處體認天理」，與陽明後的劉宗周（蕺山 1578–1645）講的「慎獨」，都是以短句來表明「學法」的宗旨。「致良知」也成為陽明學法的立言宗旨。

⑴良知是「生而有之」的

「不慮而知，不學而能」，是不是所謂「生而知之」？比如初生之兒，是否已有此知？陽明的解釋是：

> 嬰兒在母腹時，只是純氣，有何知識？出胎後方始能啼，既而後能笑，又既而後能認識父母兄弟，又既而後能立能行能持能負。卒乃天下之事，無不可能……不是出胎時便講求推尋得來。❿

嬰兒初生無知，認識父母兄弟後，即聰明日開，「孩提之童，

---

❾　〈大學問〉，《王陽明全書》（一），122 頁。

❿　《傳習錄》上，《王陽明全書》（一），12 頁。

無不知愛其親，無不知敬其兄。」則良知雖非生而「知」之，也至少是生而「有」之，長而「知」之的「是非之心」。所以良知在人，不能泯滅。「雖盜賊也自知不當為盜；喚他做賊，他還怩怩。」⓫

曾有一次，陽明與一聾啞者（楊茂）交筆談；問答如下：

> 你口不能言是非，你耳不能聽是非；你心還能知是非否？
> （答：知是非）
> 如此，你口雖不如人，你耳雖不如人，你心還與人一般。
> （首肯，拱謝）
> 你如今於父母，但盡你心的孝，於兄長，但盡你心的敬……
> （首肯，拜謝）
> 我如今教你；但終日行你的心；不消口裏說；但終日聽你的心，不消耳裏聽。（頓首再拜）⓬

固然，盜賊與聾啞者的是非感，都已受環境影響。不過，他們皆可致良知，即是皆可成聖之意。

為強調良知是人人皆有的，陽明曾說：「聖人亦是學知。眾人亦是生知。」並解釋這話：

> 這良知人人皆有。聖人只是保全無些障蔽。兢兢業業……便也是學。只是生的分數多，所以謂之「生知安行」。眾人自孩提之童，莫不完具此知；只是障蔽多。然本體之知，自難泯息……只是學的分數多。所以謂之「學知利行」。⓭

⓫　《傳習錄》下，見上，77 頁。

⓬　〈諭泰和楊茂〉，《王陽明全書》（三），365–366 頁。

陽明說過：「與愚夫愚婦同的，是謂同德。與愚夫愚婦異的，是謂異端。」❸他不願樹立外乎人心的道統標準，只恐人們會因而廢道。

不過，良知雖是人人皆有，人人的良知，卻不一樣。

> 聖人之知，如青天之日；賢人如浮雲天日；愚人如陰霾天日。雖有昏明不同，其能辨黑白則一⋯⋯困學功夫，亦只從這點明處精察去耳。❺

在天賦上，聖愚雖各有別；在功夫上，愚夫愚婦也可入聖。樞紐在於發明其本心。聖學無他，「聖人到位天地，育萬物，也只從喜怒哀樂未發之中上養來」。❻

陽明強調「情」在生活磨鍊中的重要處：

> 除了人情事變，則無事矣。喜怒哀樂，非人情乎？自視聽言動，以至富貴貧賤，患難死生，皆事變也。事變亦只在人情裏。其要只在致中和。❼

除「聖愚」之外，尚有「善惡」之分。當人問人若皆有是心，何以有為善有不為善時，陽明答說：「惡人之心，失其天理」。❽

---

❸ 《傳習錄》下，《王陽明全書》（一），79 頁。《中庸》第二十章云：「或生而知之，或學而知之，或困而知之⋯⋯或安而行之，或利而行之⋯⋯」。

❹ 見上，89 頁。「同德」者，《孟子·告子篇》上（七），所謂「聖人先得我心之所同然耳。」

❺ 見上，92 頁。

❻ 《傳習錄》上，《王陽明全書》（一），12 頁。

❼ 見上，13 頁。

陽明的「論惡說」，似是過於簡單；但是他在行政時，除興學校以移風化之外，亦有賞罰之事。曾有降寇不能化而受刑者。陽明深為嘆惜，《年譜》說：

> 先生自惜終不能化，日已過；未刻，不食。大眩暈，嘔吐。**⑲**

⑵良知是「是非之心」

陽明又以孟子的「是非之心」來解釋「良知」：

> 「良知」只是個是非之心。是非只是個好惡。只好惡就盡了是非，只是非就盡了萬事萬變。**⑳**

陽明稱良知為「胸中聖人」。只要不自欺，即可信之。所以致良知即是去私欲，歸天理。這也就是誠意的功夫。

> 君子學以為己……恆不自欺其「良知」而已。……是故良知常覺常照。**㉑**

「良知」是人心的明師，也稱為「道」。「良知原是完完全全，是的還他是，非的還他非；是非只依著他，更無不是處。」再者：

> 爾那一點「良知」，是爾自家的準則。爾意念著處，他是便知是，非便知非。更瞞他一些不得。爾只要不欺他，實實

---

⑱　《傳習錄》上，《王陽明全書》（一），13 頁。

⑲　《王陽明全書》（四），102 頁。

⑳　《傳習錄》中，《王陽明全書》（一），61 頁。

㉑　同上。

落落依著他做去；善便存，惡便去。他這裏何等穩當快樂。
此便是格物的真訣，致知的實功。❷

陽明的「良知」，也包括孟子的「良能」，既是「不慮而知」，
又是「不學而能」的。人見孺子入井，而冒生命危險以救之，就
是為了這良知。若有人不如此作，也會受良知譴責。

蓋良知之在人心，亘萬古，塞宇宙，而無不同。不慮而知，
恆易以知險。不學而能，恆簡以知阻。❷

可是，若說良知是是非之心，內有的道德意識，卻不是說良
知時時刻刻都可以教人如何應付一切。因為生而有之的良知，如
同樹的萌芽；還須要灌溉與培養，才會成長。陽明晚年，有家書
致繼子正憲。信中促其讀書執禮，並提及正憲有意應試之事：

汝近來學業所進，吾不知。汝自量度而行，吾不阻汝，亦
不強汝也。……吾平生講行，只是「致良知」三字。仁，
人心也。良知之誠愛惻怛處便是仁。無誠愛惻怛之心，亦
無良知可致矣。❷

在應試方面，陽明任子自決；但是訓之以仁。可見培養良知，即
是培養「生生不息」的仁心。再者，陽明亦用「義」字，與《孟
子》所謂「集義」，解釋「致良知」的功夫：

---

❷ 《傳習錄》下，見上，77 頁。

❷ 〈答歐陽崇一〉，《傳習錄》中，《王陽明全書》（一），61 頁。歐陽氏
名德。

❷ 〈寄正憲男手墨二卷〉之一（1527），《王陽明全書》（二），111 頁。
當時正憲因陽明得親子，遂辭錦衣廕，以就科試。

《孟子》「言必有事焉」，則君子之學，終身只是「集義」
一事。義者宜也。心得其宜之謂義。能致良知，則心得其
宜矣。故「集義」亦只是致良知。㉕

所以「致良知」不出乎仁與義。

「良知」是陽明的唯一是非標準；「致良知」是他的唯一成聖
功夫與道路。他指出孔子生平的遭遇：

有議其為諂者，㉖有譏其為佞者，㉗有毀其未賢，㉘詆其
為不知禮，㉙而侮之以為東家丘者。㉚有嫉而沮之者，㉛
有惡而欲殺之者。㉜

連孔子弟子子路，也說他不該見衛靈公夫人南子，又稱他為不懂
事。㉝但是，孔子不因人言而廢其行。

陽明自以孔子之道為己任，認為自己與孔子同心；只求「共
明良知之學於天下。使天下之人，皆知自致其良知，以相安相養，

㉕　〈答歐陽崇一〉，見上，60頁。「集義」見《孟子·公孫丑》上；論
　　浩然之氣，「其為氣也……是集義所生者」。

㉖　參看《論語·八佾篇》第三，第十八章。

㉗　參看《論語·憲問篇》第十四，第三十四章。

㉘　參看《論語·子張篇》第十九，第二十四章。

㉙　參看《論語·八佾篇》第三，第十五章。

㉚　「東家丘」指孔子。陳榮捷謂可能出自古佚本《孔子家語》。參看
　　《王陽明傳習錄詳註集評》(臺北，學生，1983)，261頁，註五。

㉛　參看《論語·微子篇》第十八，第四章。

㉜　參看《論語·述而篇》第七，第二十二章。

㉝　參看《論語·雍也篇》第六，第二十六章。〈子路篇〉第十三，第三
　　章。

去其自私自利之蔽……以濟於大同。」**❸❹**

⑶良知「可應萬變」

「不待慮而知，不待學而能」，不是說良知時時刻刻可以分辨是非，而是說，良知明知是與非是根本上相反的，而且有為善去惡的意思。

致良知說，給「致知」新的定義，在求學方面，不一定人人都能窮理；聾啞的人就有困難。可是人人都能追求人生的奧義。在事上磨鍊中，人人都可「率」其性之善，「盡」其心之良知良能。「致」是指行，致良知證實了知行合一的道理，並且指出更深一層的意思。

可是良知與一般知識與文化的關係，尚待澄清。因為人的是非標準，多得自教育與文化。問題是：在教育不普及的社會中，難道多數人不能致良知嗎？而且，時代與社會，對於是非的看法，往往不同。致良知的人，究竟何知何從？

陽明的答覆是：誠意可以使人直指良知，由心中考出行事的方向。這不一定是傳統社會的作法；比如古聖人就有不告親而娶妻，不葬父而興師的行動。

陽明舉例說，天下皆知子之當孝，但是節目時變，可以影響行孝的方式。人子娶婦，固應先請於父母；而古聖人舜王卻有「不告而娶」的事。人子喪父，也應以禮葬之；而周武王竟有「不葬而興師」，征討商紂的事。他們的抉擇，並無經典上的準則可考、史上的前例可考，而是「求諸其心一念之良知，權輕重之宜，不得已而為此。」

---

❸❹ 〈答聶文蔚〉，《傳習錄》中，《王陽明全書》（一），66 頁。

舜之不告而娶，《孟子》曾經給予解釋；他給萬章所問：「《詩》云：娶妻如之何，必告父母……舜之不告而娶，何也？」的答覆是：

> 告則不得娶。男女居室，人之大倫也。如告則廢人之大倫，以懟父母；是以不告也。❸❺

夫婦同居是「大倫」，相比之下，告不告父母便成小事。人固不應以小事廢大倫，何況無後是最大的不孝呢？但是，若是舜的娶妻動機，並非在孝，他的行為，就不對了。

> 使舜之心而非誠於為無後，武之心而非誠於為救民。則其不告而娶，不葬而興師，乃不孝不忠之大者。❸❻

有人問，《中庸》第二十四章，「至誠之道，可以前知」的意思。陽明表示不贊成聖人有先知之能，而以「良知」解之：

> 「誠」是實理，只是一箇良知。實理之妙用流行就是「神」。其萌動處就是「幾」。「誠・神・幾」，曰「聖人」。聖人不貴前知。禍福之來，雖聖人有所不免。聖人只是知幾遇變而通耳。良知無前後，只知得見在的「幾」，便是一了百了。若有箇前知的心，就是私心。就是有趨避利害的意思。❸❼

---

❸❺　《孟子・萬章篇》。

❸❻　〈答顧東橋書〉，《王陽明全書》（一），41–42 頁。

❸❼　《傳習錄》下，《王陽明全書》（一），91 頁。參看《周子通書・聖》第四。

他進一步說，心之本體是「無知無不知」的，就如太陽，未嘗有心照物，而自然無物不照。❸⓼

話到這裏；陽明既以一身兼文武之職，他若自己能超死生，他對於戰爭殺人，卻持何種態度？

這事值得考問；《年譜》中也間有所載。比如他在江西諭民時自述：「無故殺一雞犬，尚且不忍；況於人命關天，若輕易殺之，冥冥之中，斷有還報，殃禍及於子孫。」又說內心之苦：「我每為爾等思念及此，輒至於終夜不能安寢，亦無非欲為爾等尋一生路。」最後的話是：「嗚呼，民吾同胞；爾等皆吾赤子；吾終不能撫恤爾等，而至於殺爾，痛哉痛哉。」《年譜》說：陽明「興言至此，不覺淚下。」❸⓽

戰爭也是應變，陽明在少年時，喜習戰事，年長後有責任感。雖負戰職，也不免感痛。

聖人應變，不須事先有何講究。陽明引《論語·子罕篇》第九，「有鄙夫」章：

> 孔子有鄙夫來問，未嘗先有知識以應之。其心只空空而已。但叩他自知的是非兩端，與之一剖決。鄙夫之心，便已了然。鄙夫自知的是非，便是他本來天則。雖聖人聰明，如何可與增減得一毫？他只不能自信。夫子與之一剖決，便已竭盡無餘了。若夫子與鄙夫言詩，留得些子知識在，便是不能竭他的良知。❹⓪

---

❸⓼ 《傳習錄》下，《王陽明全書》(一)，91 頁。

❸⓽ 《年譜》(一)，《王陽明全書》(四)，98 頁。《年譜》又說：「欲殺數千無罪之人，以求成一將之功，仁者之所不忍也。」(152 頁)

❹⓪ 《傳習錄》下，《王陽明全書》(一)，94 頁。

信得良知，則可應萬變；這是「致良知」的一層面。可是致良知以應萬變，似有「隨時」性。所「知」似是「一節之知」，不是「全面之知」。在這方面，陽明的解釋是，心之本體，無所不該，只為私欲障礙。「致良知」可除此障礙，復其本體。「便見一節之知，即全體之知。全體之知，即一節之知。總是一箇本體。」❹

(4)「知」與「良知」

良知既然不重口耳見聞，又與人的一般知識，有何分別？

陽明首先辨別良知之「知」，與見聞之「知」的同與異。「見聞」指感性；人若是多聞，多見，知識也會增加；因為知識的來源，就是耳目口鼻與四肢所控制的五官。可是見聞之知以外，還有德性之知。這兩者之間，究竟有何關係？

　　良知不由見聞而有，而見聞莫非良知之用。故良知不滯於
　　見聞，而亦不離於見聞。❷

陽明雖不反對見聞，卻將它解為良知之「用」。他反對的，是追求「見聞之末」，並因而忘卻良知。

　　致良知是學問大頭腦，是聖人教人第一義。今云專求之見
　　聞之末，則是失卻頭腦，而已落在第二義矣。❸

換句話說，陽明是以「道問學」，來「尊德性」。

---

❹　《傳習錄》下，《王陽明全書》（一），79–80 頁。

❷　〈答歐陽崇一〉，《傳習錄》中，《王陽明全書》（一），58 頁。

❸　見上，58–59 頁。

> 豈有尊德性，只空空去尊；更不去問學。問學，只是空空
> 地問學；更與德性無關涉。❹

陽明堅持「致良知」並非求知識。比如禮樂名物的知識，在
經書中所載，不一定可以教人在生活上應變。

> 夫良知之於節目時變，猶規矩尺度之於方圓長短也。節目
> 時變之不可預定，猶方圓長短之不可勝窮也。……良知誠
> 致，則不可欺以節目時變。❺

他又反對訓詁註經，以為皆是支離之學。他稱揚孔子刪經：
「孔子述六經，懼繁文之亂天下，惟簡之而不得。使天下務去其
文，以求其實。非以文教也」，又說：

> 聖人述六經，只是要正人心，只是要存天理，去人欲……
> 或因人請問，各隨分量而說，亦不肯多道，恐人專求之言
> 語。故曰：予欲無言。❻

無怪他本人的著述不多；《五經臆說》又曾付之於火。陽明全
書所留，除與門人講習之對話與書信之外，只有人求於他的序記
短文，與私人抒情的詩。他甚至於說：「使道明於天下，則六經不
必述；刪述六經，孔子不得已也」。❼

這說法不免令人發問：「致良知」是否容許學者應接俗事，讀
書舉士？有人甚至於認為，舉業背於聖學。陽明的答覆卻不如是。

---

❹　《傳習錄》下，《王陽明全書》（一），102 頁。

❺　〈答顧東橋書〉，《傳習錄》中，《王陽明全書》（一），41 頁。

❻　《傳習錄》上，見上，7 頁。

❼　見上，6 頁。《五經臆說》只存十三條。陽明死後，由錢德洪付印。

他說過:「心苟不忘,則雖應接俗事,莫非實學……而況於舉業乎?」但是:「心苟忘之,則雖終身由之,只是俗事,而況於舉業乎?」這心不能忘的,就是《孟子》所謂「勿忘勿助」,❹亦即是聖學。他也說過:

> 家貧親老,豈可不求祿仕? 求祿仕而不工舉業,卻是不盡人事……但能立志堅定,隨事盡道,不以得失動念,則雖勉習舉業,亦自無妨聖賢之學。❹

不過,陽明認為博聞多識,留在胸中,會無益於良知。他以飲食為喻:

> 凡飲食只是要養我身; 食了要消化。若徒蓄積在肚裏,便成痞了。如何長得肌膚? ❺

他又答人問時說:

> 只要良知真切,雖做舉業,不為心累。總有累,亦易覺克之而已。且如讀書時,良知知得強記之心不是,即克去之。有欲速之心不是,即克去之。有誇多鬥靡之心不是,即克去之。如此,亦只終日與聖賢印對,是簡純乎天理之心。❺

當問這話的人堅持舉業累心,並表示自己不屑為功利牽纏,

---

❹ 〈寄聞人邦英邦正〉(二) (1518),《王陽明全書》(二),19 頁。陽明引述程頤的話。聞人邦正名銓。

❹ 見上,18 頁。

❺ 《傳習錄》下,《王陽明全書》(一),79 頁。

❺ 見上,83 頁。

只為孝親而讀書時，陽明卻直率答說：

> 此事歸辭於親者多矣。其實只是無志。志立得時，良知千事萬為只是一事。讀書作文，安能累人？人自累於得失耳。(52)

舉業是為求仕。有屬官怨說，簿書訟獄的繁事也累學。陽明聞之，說：

> 我何嘗教爾離了簿書訟獄，懸空去講學？爾既有官司之事，便從官司的事上為學。才是真格物……不可因自己事務煩冗，隨意苟且斷之。……(53)

(5)「情」與「良知」

宋明理學家論情時，用字似有曖昧意。比如朱熹，雖說情本屬善，卻指出情之欲，有為善為惡之意。因為朱熹以性之善，與情之有善有惡，相對而論，認天理為道心，私欲為人心。

陽明立說，也堅持存天理，去私欲。不過他不以兩者完全對立，並以「心即理」說，調和心與性，情與良知之別。(54)

陽明認為，若是順自然之流行，七情也是良知之用，(55)而不可稱為善惡。七情若過份，或「有著」，才是「欲」成為良知之蔽。但是良知仍會自覺，覺後蔽即去：

---

(52) 《傳習錄》下，《王陽明全書》(一)，83–84 頁。

(53) 見上，79 頁。

(54) 見上，92 頁。

(55) 見上，93 頁。陽明說：「喜怒哀懼愛惡欲，謂之七情。」參看《禮記正義・禮運篇》(四部備要本) 卷二十二，2 頁乙。

比如日光，亦不可指著方所，一隙通明，皆是日光所在。
雖雲霧四塞，太虛中色象可辨……不可以雲蔽日。❺❻

人生在世，猶多「哀」「樂」之情。「樂」固是性理學家多談
之事。周敦頤曾為程頤說孔子與顏淵之樂。❺❼根據陽明，樂是「心
之本體」，聖凡皆有的。凡人只是無此自覺，而在心外求樂，就如
「騎驢覓驢」。❺❽

樂出乎仁。仁者與萬物同體同樂。❺❾即是在哀哭時，也不失
其本體。陽明答人問時說，遇大故時「須是大哭一番了方樂。不
哭便不樂矣。雖哭，此心安處即是樂也。本體未嘗有動。」❻⓿他寫
信給一位正在服喪者時，也論及此：

> 喜怒哀樂，發皆中節之謂和。哀亦有和焉。發於至誠，而
> 無所乖戾之謂也。夫過情，非和也。動氣，非和也。……
> 孺子終日啼而不嗌。和之至也。❻❶

陽明作一長歌❻❷，抒述二名學生冒雨登山探險之事。當時同

---

❺❻　《傳習錄》下，《王陽明全書》（一），93 頁。

❺❼　樂並非陽明所指「七情」之一。但是樂是《中庸》所述之一情。參
　　看《二程全書・遺書》卷二上，2 頁乙，周敦頤令程頤尋顏子之樂。

❺❽　〈答陸原靜〉（二），《王陽明全書》（一），57 頁。

❺❾　〈大學問〉，《王陽明全書》（一），120–122 頁。「與黃勉之」（二），
　　《王陽明全書》（二），37 頁。

❻⓿　《傳習錄》下，《王陽明全書》（一），93 頁。

❻❶　〈與許台仲書〉（二），《王陽明全書》（二），109 頁。

❻❷　詩名〈江施二生與醫官陶堃冒雨登山。人多笑之。戲作歌。〉見《王
　　陽明全書》（二），192 頁。

儕多笑招之返。陽明也不禁大笑開懷,「不覺老興如童時」。他自
述心情:

> 平生山水已成僻,歷深探隱忘飢疲,
> 年來世務頗羈縛,逢場遇境心未衰。

最後,他又提出「狂簡」語,自稱與孔子同心:

> 世人趨逐但聲利,赴湯蹈火甘傾危。
> 解脫塵囂事行樂,爾輩狂簡翻見議。
> 歸與歸與吾與爾,陽明之麓終爾期! ㉓

哀樂的「樂」字,固近音樂的「樂」字。當人問,要恢復古
樂,如何求得古樂中的「元聲」時,㉔陽明認為,這如水底撈針,
不如在心上求:

> 古人為治,先養得人心和平,然後作樂。比如在此歌詩;
> 你的心氣和平,聽者自然悅懌興起。只此,便是元聲之始。
> 《書》云:「詩言志。」志便是樂的本。歌永言;歌便是作
> 樂的本。聲依永,律和聲。律只要和聲;和聲便是制律的
> 本。㉕

陽明甚喜音樂。在龍場時,他本人胸中灑灑,但是侍從皆得
病。他曾唱歌、詠詩、調越曲,又雜以詼笑,以使忘其疾病環境。
1524 年在鄉閒居,中秋宴門人時,也與人同歌同樂,作詩寄

㉓　《傳習錄》下,《王陽明全書》(一),192-193 頁。

㉔　見上,94-95 頁。

㉕　見上,95 頁。

「狂」情。❻

　　陽明弟子王艮（心齋 1483–1540），有子王襞（東崖），九歲時隨父至會稽，並以童子聲，歌詩中聽。陽明聞之，便令王畿與錢德洪，收為童生。王襞愛歌。《明儒學案》說其「歌聲振乎林木，恍然有舞雩氣象。」❻這雖不是陽明親自教出，也不背陽明的「吾與點也」的精神。

　　陽明固有豐富感情。《年譜》記他十三歲（十二足歲）時喪母，「哭泣甚哀」。❻攻擒宸濠事後，未得允許回鄉省葬祖母。歸越後，訪出生處，指藏胎衣地拭淚久之，「痛母生不及養，祖母死不及殮也」❻。同時 (1522)，受封新建伯，時適父親誕辰。二月後，王華疾革，朝廷又進封陽明父祖數輩。禮成而王華死。陽明舉哀時，一哭頓絕，從此病不能勝。❼

⑹「敬畏」與「灑落」

　　朱熹與王陽明之異，也在於朱熹「二元論」說性的「中和說」，與王陽明的「一元論」的解釋。陽明以「致中和」說統攝於「致良知」法，不分「靜養動察」，與「敬貫動靜」的「戒慎恐懼」功夫，而直接以誠意去把握心體。當學生問，敬畏之心，有無受灑落之累時，陽明回答說：

　　　君子之所謂灑落者……乃其心體不累於欲，無入而不自得

---

❻　《年譜》（一），《王陽明全書》84，134 頁。

❻　《明儒學案》卷三十二，11 頁。

❻　《年譜》（一），《王陽明全書》（四），78 頁。

❻　見上，128 頁。

❼　見上，128–129 頁。

之謂耳。夫心之本體，即天理也。天理之昭明靈覺，所謂
良知也。君子戒懼之功，無時或間……而其昭明靈覺之本
體，自無所昏蔽。**❼**

曾有人問陽明，《論語·子罕篇》：「子在川上曰：逝者如斯
矣，不舍晝夜」**❼**，是否說心性活潑，如同流水的意思。陽明說：

> 然。須要時時用致良知的功夫，方才活活潑潑地，方才與
> 他川水一般。若須臾間斷，便與天地不相似。

可見他雖以自然流行的現象談心性，卻不忘致良知功夫。甚至於
堅持脫去一切聲色利益，榮辱死生之念。「若在此處見得破，透得
過，此心全體方是流行無礙，方是盡性知命之學。」**❼**

他又在信上解釋：

> 君子之所謂敬畏者，非有所恐懼憂患之謂也。乃戒慎不睹，
> 恐懼不聞之謂耳。君子之所謂灑落者，非曠蕩放逸，縱情
> 肆意之謂也，乃其心體不累於欲，無入而不自得之謂耳。**❼**

說來容易做來難。陽明身後，其學說若生流弊，亦因門人間
有不能同時兼顧「敬畏」與「灑落」者。

---

❼ 《年譜》（一），《王陽明全書》（四），134 頁。

❼ 《傳習錄》下，《王陽明全書》（一），86 頁。《論語·子罕篇》第
九，第十六章。

❼ 《傳習錄》下，見上，90 頁。

❼ 〈答舒國用〉(1523)，《王陽明全書》（二），33 頁。

(7)「氣」與「良知」

陽明尚心,固不多講宇宙論。這不是說,他無意於宇宙論。他曾經批評周敦頤〈太極圖說〉中的「靜極生動」之說:

> 陰陽一氣也,一氣屈伸而為陰陽。動靜一理也;一理隱顯而為動靜,春夏可以為陽為動,而未嘗無陰與靜也。秋冬可以為陰為靜,而未嘗無陽與動也。……自元會運世,歲月時以至刻杪忽微,莫不皆然。❼❺

這是氣一元論的哲學。陽明尚心尚氣,其理可明。他也以良知說統攝氣說:

> 天良知一也。以其妙用而言,謂之神。以其流行而言,謂之氣;以其凝聚而言,謂之精。……陰根陽,陽根陰,亦非有二也。❼❻

可見他的宇宙論與氣論,都屬於他的心學或良知論。

人心屬氣,原是宋儒的學說。陽明認人為天地之心,又認心為靈明:

> 我的靈明,便是天地鬼神的主宰,天沒有我的靈明,誰去仰他高。地沒有我的靈明,誰去俯他深。鬼神沒有我的靈明,誰去辨他吉凶災祥。天地鬼神萬物離卻我的靈明,便

---

❼❺ 〈答陸原靜〉,《傳習錄》中,《王陽明全書》(一),53 頁。元會運世說出自邵雍。《皇極經世書》卷六,14 頁乙(一世卅年,一運十二世,一會卅運,一元十二會)。

❼❻ 見上,52 頁。陸原靜名澄。

沒有天地鬼神萬物了。**⑦**

人的靈明，若是充天塞地，卻是因為「一氣流通」。

> 風雨露雷，日月星辰，禽獸草木，山川土石，與人原只一
> 體。故五穀禽獸之類，皆可以養人；藥石之類，皆可以療
> 疾。只是同此一氣，故能相通耳。**⑱**

氣的哲學，如同道德與良知論的另一面：陽明以「仁」來解
釋萬物一體的道德面，而以「氣」來解釋萬物一體的事理面。

三、致良知統攝諸說

陽明常用「簡易」二字，描述「致良知」功夫。「簡易」來自
《易經‧繫辭上傳》：「乾以易知，坤以簡能，……易簡而天下之
理得矣」之句，又是陸九淵於鵝湖之會，針對朱熹學說而作的詩
所用：「易簡工夫終久大，支離事業竟浮沉」。**⑲**

可是良知學說，得之不易；陽明又為何稱之「簡易」？

一方面，他的確認為，「良知」二字，關係人心本能，是人人
可以明白，可以「反身而誠」的。另方面，他又以「簡易」抗拒
「支離」，以斥功利與訓詁之學。他恐怕學者失之於易，將「良
知」當作一種「光景」（或心境）玩弄，而不實落用功。**⑳**所以他
提出「簡易而精細」之言。他解說，致良知功夫，有如示掌。手

---

⑦　《傳習錄》下，《王陽明全書》（一），104 頁。

⑱　《傳習錄》下，《王陽明全書》（一），90 頁。

⑲　參看本書第一章。

⑳　《年譜》（一），《王陽明全書》（四），125 頁。

掌是每日見的；可是若有人問，掌中有多少文理，卻不一定知道：
「即如我良知二字，一講便明，誰不知得？若欲得見良知，卻誰
能見得？」**❽**

> 聖賢論學，無不可用之功；只是致「良知」二字，尤簡易
> 明白，有實下手處；更無走失。近時同志，亦已無不知有
> 「致良知」之說。然能於此實用功者絕少，皆緣見得良知
> 未真，又將「致」字看太易了，是以多未有得力處。雖比
> 往時支離之說稍有頭緒，然亦只是五十步百步之間耳。**❽**

可見致良知的功夫雖然易於明白，卻難於實踐。若要真見其
體，仍須切實用功：

> 蓋思之是非邪正，良知無有不自知者。所以認賊作子，正
> 為「致」知之學不明，不知在良知上體認之耳。**❽**

致良知的功夫，簡易而精細：

> 千思萬慮，只是要致良知。良知愈思愈精明。若不精思，
> 漫然隨事應去，良知便粗了。**❽**

再者：

> 盡精細，所以致廣大也……故能細微曲折，無所不盡，則
> 私意不足以蔽之。自無許多障礙遮隔處，如何廣大不致？**❽**

---

❽　《傳習錄》下，《王陽明全書》（一），105 頁。

❽　〈與陳惟濬〉，《王陽明全書》（二），59 頁。

❽　《傳習錄》上，《王陽明全書》（一），30 頁。

❽　《傳習錄》下，《王陽明全書》（一），92 頁。

致良知的功夫，簡易而精細，其深義則廣大而圓融，實在統攝陽明的其他學說。其中包括「心即理」的實現，與「格物致知」的道理。

> 若鄙人所謂致知格物者，致吾心之良知於事事物物也。吾心之良知，即所謂天理也。致吾良知之天理於事事物物，則事事物物皆得其理矣。致吾心之良知者，致知也。事事物物皆得其理也，格物也。是合心與理而為一者也。㊏

陽明以「致良知」統攝諸說，使學問之道，愈趨於簡，實是因為他以功夫為主；從功夫上體認本體。所以他也說：

> 故凡致良知者，致其本然之良知而已。《大學》謂之致知格物；在《書》謂之精一，在《中庸》謂之慎獨；在《孟子》謂之集義。其功夫一也。㊐

可是功夫愈精，說理也愈難；陽明也體會到這點。人要他多講時，他曾回答：

> 既知致良知，又何可講明？良知本是明白，實落用功便是；不肯用功，只在語言上轉說轉糊塗。㊑

「致良知」的細節，實須人自己，憑事上的磨鍊而求得來。

㊋　《傳習錄》下，《王陽明全書》（一），102 頁。

㊏　〈答顧東橋書〉，《傳習錄》中，《王陽明全書》（一），37 頁。

㊐　〈與陸清伯書〉，《王陽明全書》（二），109 頁。陸清伯即陸澄（原靜）。

㊑　《傳習錄》下，《王陽明全書》（一），91 頁。

所以陽明又說：

> 良知即是《易》。其為道也，「屢遷變動不居，周流六虛，
> 上下無常」……見得透時，便是聖人。⑧⑨

---

⑧⑨　《年譜》（一），《王陽明全書》（四），104 頁。陽明引述的話出自
《周易正義》卷八，11 頁甲。他以《易經》的變化無常來說良知。

第六章　為學的極點：良知本體

綿綿聖學已千年，兩字良知是口傳……
不離日用常行內，直造先天未畫前……❶

一、引　言

　　1522 至 1527 年間，陽明在鄉閒居教學。初歸時，朋友蹤跡
尚寥落，其後四方來從遊者日進。1523 年後，環居者已比屋。集
會用佛廟道觀；「每當一室，常合食者數十人。夜無臥處，更相就
席；歌聲徹昏旦」。陽明每臨講座，「前後左右環坐而聽者，不下
數百人……至有再侍更歲，不能編記其姓名者」❷，陽明因講學
日久，信譽益博，「感召之機，申變無方」，他的教學內容：

> 只發《大學》萬物同體之旨，使人各求本性，致極良知，
> 以至於至善功夫。有得則因方設教，故人人悅其善從。❸

---

❶　〈別諸生〉，《王陽明全書》(二)，208 頁。

❷　《傳習錄》下，《王陽明全書》(一)，98–99 頁。陽明在江西時，亦
　　多門人；並修濂溪書院以居之，見《年譜》(一)，《王陽明全書》
　　(四)，107 頁。

❸　《年譜》(一)，《王陽明全書》(四)，137 頁。

學生聽講出門，都「跳躍稱快」。當地郡守南大吉（元善）也稱門生，並修治稽山書院以尊經興學。1525 年，門人又立陽明書院。這段時間內，陽明的講學，已到極點或最高峰。他本身的修養，也精益入精。他有「萬物一體」的自覺，也以此教人。

二、萬物一體

陽明的「萬物一體」說，貫通他全部的思想。就如《論語・里仁》第十五所述：「吾道一以貫之」一般；又有華嚴宗的「一即一切，一切即一」的意思。固然，陽明較早即有在他給顧麟（東橋）書中所謂「拔本塞源」論內，發揮聖人與萬物一體的思想。但是 1527 年，他在出征思、田以前所說的〈大學問〉一文，尤其表示人的身心與宇宙萬物，既和又通的意旨。錢德洪記：「師征思田，將發；先授〈大學問〉，德洪錄之。」❹

〈大學問〉首先闡述《大學》之旨。陽明提到，大學二字，朱熹曾解為「成人」之學，即是已非幼童所能了解的意思。陽明則以「大人」為聖人，即是認萬物為一體，天下為一家，國家為一身者。但是，他指的，不是「國君」，而是「仁者」。他認為，大人若與萬物一體，也是為了「仁心」。

> 是故見孺子之入井，而必有怵惕惻隱之心焉。是其仁之與孺子而為一體也，孺子猶同類者也。見鳥獸之哀鳴，……而必有不仁之心焉，是其仁之與鳥獸而為一體也。❺

❹ 〈大學問〉，《王陽明全書》（一），119 頁。
❺ 同上。

仁者之惻隱之心，不只是與孺子、鳥獸一體，甚至於推及無情的草木，與無生命、無機體的瓦石：

> 見草木之摧折而必有憫恤之心焉。是其仁之與草木為一體也。草木猶有生意者也。見瓦石之毀壞而必有顧惜之心焉。是其仁之與瓦石而為一體也。❻

陽明以為，雖「小人」也有此心。但是小人之心則受私欲之蔽，而分隔隘陋：

> 利害相攻，忿怒相激，則將戕物圮類，無所不為。甚至有骨肉相殘者。❼

換句話說，小人也有本然的良知，根於天命之性；小人也體惜萬物，不過私欲蔽心，其仁意有所損減。可見小人與大人之別，全在去私欲以明明德而已。

⑴明明德

陽明以仁心為「明德」。就如良知一般，其本體不增不減。人若去私欲，「明德」即由隱入顯，照明天地萬物，使天地萬物，也恢復其本體。他同時認為，「明明德」，也就是「致良知」。他是以《孟子》來解釋《大學》。

可能有人會問，仁者之「仁」，與墨家之「博愛」，有何區別？

陽明早年講學時，弟子已問過程顥之仁者與天地萬物一體之說；他當時也承認區別仁與愛的困難。他以樹木為譬喻，說明

---

❻　〈大學問〉，《王陽明全書》（一），119 頁。

❼　同上。

「仁」的活力。

> 仁是造化生生不息之理，雖瀰漫周遍，無處不是，然其流
> 行發生，亦只有個漸……譬之木，其始抽芽，便是木之生
> 意發端處，抽芽然後發幹，發幹然後生枝生葉。❽

這樣說，父子兄弟之愛，便是人心「生意發端處」，自此而仁
民愛物，如同發幹與生枝葉。

> 墨氏兼愛無差等，將自家父子兄弟與途人一般看，便沒了
> 發端處，不抽芽，便知得他無根，便不是生生不息，安得
> 謂之仁？❾

儒家的仁，發自內心油然而生的惻隱，由親人開始，推而及
人及物，總有等差之別。墨家的愛，卻不顧自然的等差與社會的
分類。為陽明而說，出乎人性自然的惻隱之心，雖在緊急關頭，
會捨己以救人之孺子。在普通場合上，必得承認定於自然環境的
等差，與來自社會法令的責任。

1524 年，陽明致信黃省曾（勉之）時，也再次討論仁與愛的
同異。黃氏贊同韓愈給仁的定義：「博愛之謂仁」，並認為博愛與
孟子學說通。因此他不明白宋儒對於韓愈此語的責難，因為朱熹
曾有「仁是性，愛是情」之說；他雖堅持兩者不能分離，但是申
言「愛是仁之情，仁是愛之性」；並說：

> 這一句，只將心、性、情看得分明，一身之中，渾然自有

---

❽　《傳習錄》上，《王陽明全書》（一），21–22 頁。

❾　見上，22 頁。

過主宰者，心也。有仁義禮智則是性。發為惻隱、羞惡、辭遜、是非，則是情。惻隱，愛也，仁之端也。仁是體，愛是用。**❿**

陽明並不反對朱熹之以仁為「愛之本體」。他只是指出：

但亦有愛得是與不是者，須愛得是，方是愛之本體，方可謂之仁。若只知博愛，而不論是與不是，亦便有差處。**⓫**

然而，這「是」與「不是」，又指什麼？為解答這問題，我們還得再看〈大學問〉所說的愛之等差，這也來自《大學》篇內的「物有本末」之意。陽明在這方面，並不廢除次第：

親吾之父，以及人之父，以及天下人之父，而後吾之仁，實與吾之父，人之父與天下人之父，而為一體矣。……君臣也，夫婦也，朋友也，以至於山川鬼神鳥獸草木也，莫不實有以親之，以達吾一體之仁。**⓬**

所以大人與物同體，但是愛的道理仍有厚薄。比如：

身是一體，把手足捍頭目，豈是偏要薄手足？其道理合如此，禽獸與草木同是愛的。把草木去養禽獸，又忍得。人與禽獸同是愛的，宰禽獸以養親，與供祭祀……心又忍得，至親與路人同是愛的。如簞食豆羹，得則生，不得則死，

---

❿　〈與黃勉之〉（二），《王陽明全書》（二），37 頁。朱熹的「仁說」，見於《朱子大全》卷六十七。黃勉之名省曾。

⓫　見上，38 頁。

⓬　〈大學問〉，見上，120 頁。

不能兩全。寧救至親，不救路人。⓭

陽明在〈答顧東橋書〉中亦稱說過：

> 物我之間，譬之人之一身。目視耳聽，手持，足行，以濟
> 一身之用，目不恥其無聰，而耳之所涉，目必營焉。足不
> 恥其無執，而手之所探，足必前焉。⓮

因為萬物一體之仁，「其精神流貫，志氣通達，而無有乎人己
之分，物我之間」。就如人身之「元氣充周，血脈條暢，是以痒疴
呼吸，感觸神應，有不言而喻之妙」。⓯不過人體中之耳目手足，
各有其用，不可踰級相攻。

⑵親　民

至於親民說，是陽明較早有的主張。他反對朱熹將《大學》
的「親民」，改為「新民」；一方面因為他反對私改經書，另方面
也為了「親」字與「新」字含意不同。徐愛就問過這事：

> 「在親民」。朱子謂當作「新民」；後章「作新民」之文，
> 似亦有據。先生以為宜從舊本作「親民」，亦有據否？⓰

陽明答說：

⓭　《傳習錄》下，《王陽明全書》(一)，90 頁。
⓮　《傳習錄》中，《王陽明全書》(一)，45 頁。
⓯　同上。
⓰　《傳習錄》上，《王陽明全書》(一)，1 頁。「後章」指《大學》第二
　　章：「〈康誥〉曰：作新民」，見《大學章句》。

「作新民」之「新」，是自新之民；與「在新民」之新不
同，此豈足為據？「作」字卻與「親」字相對，然非「親」
字義……；「親民」猶《孟子》「親親仁民」之謂……說「親
民」，便是兼教養義。說「新民」，便覺偏了。❼

「親民」屬於政治學說。陽明以「政在親民」。並認為，這基
本上是推己及人的意思。

德不可徒明也；人之欲明其孝之德也，則必親於其父……，
欲明其弟之德也，則必親於其兄……君臣也；夫婦也；朋
友也；皆然也。❽

陽明的弟子聽了，以為這是修身說，不明其為政之意。陽明
的解釋，堅持修身與為政之不可分：

人者，天地之心也。民者，對己之稱也。曰「民」焉，則
三才之道舉矣。是故親吾之父以及人之父，而天下之父子
莫不親矣……君臣也，夫婦也，朋友也，推而至於鳥獸草
木也；而皆有以親之……是之謂「明明德」於天下，是之
謂家齊國治而天下平。❾

陽明尤其在從政時，極力實現親民的理想，用兵之餘，還得
安民。他到處興學，又奏請寬租以養民。他的親民說，並非虛空
造言，而是實踐之功。❿他在將出征思、田之前 (1527)，又教〈大

❼　《傳習錄》上，1–2 頁。
❽　〈親民堂記〉(1525)，《王陽明全書》（一），208 頁。
❾　同上。
❿　《年譜》（一），《王陽明全書》（四），100 頁。

學問〉，指出「親民」與「致良知」的關係：

> 至善者，明德親民之極則也……而即所謂「良知」者也……
> 故「止於至善」，以親民，而明其明德，是之謂大人之學
> ……然欲致其良知，亦豈影響恍惚，而懸空無實之謂乎？㉑

⑶止於至善

陽明認為，單談明德與親民，而不提「止於至善」的最高理想的話，會導致是非準則的決裂與支離。一方面，就如佛老一般，而失之於虛；另方面，卻如功利之徒，而失之於謀：

> 昔之人固有欲明其明德者矣。然惟不知止於至善，而騖其
> 私心於過高，是以失之虛罔空寂，而無有乎家國天下之施。
> 則二氏之流矣。固有欲親其民者矣，惟不知止於至善，而
> 溺其私心於卑瑣，是以失之權謀智術，而無有乎仁愛惻怛
> 之誠，則五伯功利之徒是矣。㉒

可是，「至善」又是什麼？根據陽明，至善即是「明德親民之極則」。所以明明德與親民的功夫，都要做到徹底，盡到極點；不可疏忽。

> 至善之發現，是而是焉；非而非焉；輕重厚薄，隨感隨應，
> 變動不居……，是乃民彝物則之極，不容少有議擬增損於
> 其間也。㉓

㉑ 〈大學問〉，《王陽明全書》（一），120 頁。

㉒ 見上，122 頁。

㉓ 同上。

　　至善自在心內，是明德的「本體」，也稱為「良知」。「止於至善」即是不許絲毫私欲，遮蔽本體。由此可見，明明德與親民，都是致良知的功夫。

　　陽明基本上認為「明明德」與「親民」同屬一種功夫，不可分裂，就如一物的內與外，表與裏。「明明德」是為「親民」，而「親民」是為「明明德」。推而及《大學》的格物致知，誠意正心，也皆屬一體。「其條理功夫，雖無先後次序之可分，其用之惟精，因有纖毫不可得而缺焉。」❷❹

　　　　今於良知所知之善惡者，無不誠好而誠惡之。則不自欺而
　　　　意可誠也已。然欲致其良知，亦豈影響恍惚而懸空無謂實
　　　　之謂乎？❷❺

　　為他而說，「明明德」是「立其天地萬物一體之體」，而「親民」是「達其天地萬物一體之用」。至於「至善」，又是「明德親民之極則」，所以三者皆不可分。政治學也附屬於道德學。

三、良知本體

　　萬物一體的學說，是陽明的「致良知」說的極峰。它尤其指出，「心之本體」與「良知本體」的深蘊。

　　固然，在陽明的思想體系內，「心」與「良知」不易分辨。因為陽明以「良知」說「心」，將兩者認為是一，所以「心之本體」即是「良知本體」。有時，陽明說「心」或「良知」時，也指其

---

❷❹　〈大學問〉，《王陽明全書》（一），123 頁。

❷❺　見上，122 頁。

「本體」。但是一般說，他在晚年比早年更多用「本體」兩字，是
為了更深進一層，講心與良知的超然涵義。

陽明的哲學思想，以「心」或「良知」，作為實踐法的起點與
終點。在他心中，體用既是一源，終點與起點亦不可分。「良知」
與「本體」亦然：既是為學的目的，又是做事的動因。孟子說過：
「萬物皆備於我矣。反身而誠，樂莫大焉。」❷⑥

⑴知覺的主宰

「心」的指義很廣。可稱人身的內臟之一；又可指知覺所在，
再是思慮的本源。陽明同時認為，心即知覺，又超乎知覺：

> 心不是一塊血肉。凡知覺處便是心。如耳目之知視聽，手
> 足之知痛癢；此知覺便是心也。❷⑦

陽明說過：

> 這視聽言動，皆是汝心。汝心之視，發竅於目。汝心之聽，
> 發竅於耳。汝心之言，發竅於口。汝心之動，發竅於四
> 肢。❷⑧

因為「若無汝心，便無耳目口鼻」。

心是知覺所在，知覺也是生命之表現。比如已死之人，就不
再能視聽言動。❷⑨可是知覺也會成蔽。

---

❷⑥　《孟子・盡心篇》上（四）。

❷⑦　《傳習錄》下，《王陽明全書》（一），101 頁。

❷⑧　《傳習錄》上，《王陽明全書》（一），30 頁。

❷⑨　見上，29–30 頁。

> 美色令人目盲；美聲令人耳聾；美味令人口爽，馳騁田獵，
> 令人發狂。 ❸⓪

所以心是知覺的主宰，可謂「真己」，人須「保守這真己的本體，戒慎不睹，恐懼不聞」。「這心之本體，原是個天理，原無非禮」。❸①

陽明認為，心既是知覺生命的本源，也是道德行為的本源，心即良知，即寓於知覺所在，也寓於思慮與意志中。通過知覺與道德等現實體驗，人心可以與天地萬物合一。

> 目無體，以萬物之色為體；耳無體，以萬物之聲為體；鼻
> 無體，以萬物之臭為體；口無體，以萬物之味為體；心無
> 體，以天地萬物感應之是非為體。❸②

話要說過來：耳目口鼻，若以萬物的聲、色、味、臭為體，萬物若有其聲、色、味、臭，也都為了人的知覺心。這是「岩中花」的意思。

> 先生遊南鎮；一友指岩中花樹，問曰：
> 天下無心外之物；如此花樹，在深山中自開自落，於我心
> 亦何相關？
> 先生曰：
> 你未看此花時，此花與汝心同歸於寂；你來看此花時，則
> 此花顏色一時明白起來。便知此花不在你的心外。❸③

---

❸⓪　《傳習錄》上，《王陽明全書》（一），30 頁。

❸①　同上。

❸②　《傳習錄》下，《王陽明全書》（一），90 頁。

陽明以人心的動靜感應，解釋心外無物之意。可見他並不否認所謂的客觀現實世界。他講的，是人心如何也是天地萬物之心。這樣看，也可以助人體會到陽明的另一句話：

> 良知是造化的精靈。這些精靈，生天生地，成鬼成帝，皆從此出。真是與物無對。㉞

不過，這句話還可以有其他含義；也與所謂超然的「悟境」有關；無怪陽明同時說：「人若復得（良知），完完全全，無少虧欠；自不覺手舞足蹈，不知天地間更有何樂可代」。㉟

(2)「無體之真」

陽明的思想體系中，用語時與宋儒一般，但是用意卻不同。比如他以理氣與心性同論（而不對立）。他也少言太極，多講陰陽，以解釋氣的伸張與收縮。他又以動靜講理的顯與微。不過他強調的，不是宇宙的造化，而是心的感應。他將心、良知與太虛認同；一方面是以太虛作比喻，來講人心的良知，另方面是提高良知，到形上界去。所以他用自己造的字句：「良知本體」，來指一種超概念的絕對體。再者，根據數世紀來佛老的形上學與宗教思想的習慣，陽明也運用「虛」與「無」的字樣，來描述這良知的本體：

> 仙家說到虛，聖人豈能虛上加一毫實?

㉝　《傳習錄》下，《王陽明全書》（一），90頁。

㉞　見上，87頁。

㉟　同上。

> 佛氏說到無，聖人豈能無上加一毫有？
>
> 但仙家說虛，從養生上來；佛氏說無，
>
> 從出離生死苦海上來；卻於本體上加卻這些子意思在……
>
> 便於本體有障礙。　❸⑥

這裏的「這些子」，是指道教的求生避死，與佛教的脫離生死。兩者所求不同，但是都表示未能超脫人生的愛與惡。不如聖人的良知，能超脫一切，「更不著些子意在」。所以良知本體，也稱為「無體之真」。❸⑦

陽明以視聽等知覺為本能，聲色等對象為現實，他不否認兩者各自有不同的存在性，就如人心與宇宙萬物一般。但是他堅持兩者之間的相互依賴性。再者，耳目口鼻的作用，各有其偏；而心或良知，卻是會集一切知覺與人生經驗的樞紐，所以人若與萬物一體，也全靠心。「心無體，以天地萬物感應之是非為體」。❸⑧

這樣說，若去私欲，心或良知即恢復其「無體之真」。並能應付萬變，就如宇宙的太虛一般：

> 良知之虛，便是天之太虛。
>
> 良知之無，便是太極之無形。
>
> 日月風雷，山川民物，凡有貌象形色，皆在太虛無形中發用流行，未嘗作得天的障礙。聖人只是順其良知之發用，天地萬物，俱在我良知的發用流行中；何嘗有一物超於良知之外，能作障礙？　❸⑨

---

❸⑥　《傳習錄》下，《王陽明全書》（一），89 頁。

❸⑦　同上。

❸⑧　見上，90 頁。

陽明以太虛譬心與良知，可見他的宇宙論，也附屬於道德論，作為道德論的「本體」，他的萬物一體說，也就貫通了道德論與宇宙論。

良知本體的絕對性，來自它的「無所著」。這在陽明與弟子王畿討論「妄」與「實」的對話中，也有表示。陽明說：

> 有心俱是實，無心俱是妄。
> 無心俱是實，有心俱是妄。❹

這句話的用意，表面上是矛盾的，陽明這裏的用詞，來自佛學，他的否定式論理方法，也來自佛學。當場由王畿的答覆給證實了。

王畿說陽明前一句是本體上說功夫，下一句是功夫上說本體。似是指本體與功夫的不可分，如同妄與實的不可辨一般。由此也可見致良知同時會通宇宙本體與道德功夫，而且超越形上概念的妄與實。但是陽明用的佛家語，導致錢德洪的多年困惑，他說：「先生是時因問偶談。若吾儕指點人處，不必借此立言耳」❹。

再者，良知既與萬物一體，萬物是否各自有其良知? 在這裏，陽明的解釋是：

> 人的良知，就是草木瓦石的良知。若草木瓦石無人的良知，不可以為草木瓦石矣。豈惟草木瓦石為然，天地無人的良知，亦不可為天地矣。天地萬物，與人原是一體，其發竅

---

❸⑨　《傳習錄》下，《王陽明全書》（一），89 頁。

❹　見上，104 頁。

❹　同上。

之最精處，是人心一點靈明。❷

⑶超然境界

良知與萬物一體，確是陽明悟得的學說；它也代表陽明已到達的悟境或超然心態。我這裏指的，是所謂神秘性 (mystical) 的體驗與領悟。

陽明在龍場得悟，其經過是有相當詳細記載的，《年譜》用的字是：「忽中夜，大悟格物致知之旨，寤寐中若有人語之者，不覺呼躍」，❸其所記的時（中夜），處（居夷處困），與光景（寤寐中若有人語之），都描述一種異常的超然心態，一種令人興奮、呼躍的心態。而這悟境所帶來的了覺，是「格物致知之旨」在乎「聖人之道，吾性自足」之語。

陽明也知道，聖人之學，未有言悟。他在辯朱熹與陸九淵學說間的異同與取捨時，也曾明言，陸氏之「易簡覺悟之說，頗為當時所疑」，他卻庇護陸氏：

> 然「易簡」之說，出於〈繫辭〉。覺悟之說，雖有同於釋氏；然釋氏之說，亦自有同於吾儒，而不害其為異者，惟在於幾微毫忽之間而已。亦何必諱於其同，而遂不敢以言；狃於其異，而遂不以察之乎？❹

陽明於 1522 年元月，正式開始教人良知。他自稱這是得自百死千難，❺即是指事上的磨鍊，但是《年譜》並無任何相等於龍

---

❷　《傳習錄》下，《王陽明全書》（一），89–90 頁。

❸　《年譜》（一），《王陽明全書》（四），84 頁。

❹　〈答徐成之〉（二）(1522)，《王陽明全書》（二），74–75 頁。

場悟境的詳細記載。只是陽明講良知時的用語，近乎誇張。例如：

> 致此良知……便是格物。致知二字，是千古聖學之秘……
> 此是孔門正法眼藏，從前儒者多不曾悟到。❹

「從前儒者多不曾悟到」，而陽明卻得之於心，不亦是得之於
悟？致知既是「千古聖學之秘」，並非人人都可探見的；陽明又自
述過：「某之不肖……賴天之靈，偶有悟於良知之學」，❹也是證
實有過悟境。

根據錢德洪言，陽明另亦說過：

> 吾良知二字，自龍場已後，便已不出此意，只是點此二字
> 不出，於學者言，費卻多少辭說。今幸見出此意，一語之
> 下，洞見全體，直是痛快，不覺手足舞蹈。❹

良知二字終得點出，也是龍場得悟所見之發揮。錢德洪又說：

> 先生……省然獨得于聖賢之旨，反覆世故，更歷險阻，百
> 鍊千磨，斑瑕盡去。而輝光煥發，超然有悟於良知之說……
> 而指見本體，真如日月之麗天。❹

---

❹ 《年譜》，《王陽明全書》（四），125 頁。

❹ 〈寄薛尚謙〉(1523)，《王陽明全書》（二），35 頁。「正法眼藏」即
「正心眼」之私「藏」，指《景德傳燈錄》卷一（《大藏經》第 2076
號）摩訶迦葉得自釋迦佛之「心傳」，見 206 頁甲。薛尚謙名侃。

❹ 〈寄鄒謙之〉（四）(1526)，見上，46 頁。鄒謙之名守益。

❹ 〈刻文錄敘說〉（〈舊序〉），《王陽明全書》（一），11 頁。

❹ 見上。14 頁。

以上所引述，可證陽明之良知教，實得之「超然之悟境」。除此以外，良知「本體」字，亦有所表示，因為「直見本體」一向是指超然之悟。

陽明認人為天地之心，以人心的良知，為萬物的靈明。這話可以道德論或認識論來解釋；這話也可以表示，陽明之所謂「良知與萬物一體」，也是來自超然之悟境的直覺。

陽明有詠良知詩，說：❺⓪

> 問君何事日憧憧？煩惱場中錯用功。
> 莫道聖門無口訣：良知兩字是參同。❺①
>
> 人人自有定盤針。萬化根緣總在心。
> 卻笑從前顛倒看，枝枝葉葉外頭尋。
>
> 無聲無臭獨知時，此是乾坤萬有基。
> 拋卻自家無盡藏，沿門持鉢效貧兒。

四、新的「道統」

陽明非常珍視他本人在百死千難中發現的致良知學說，並認之為古聖人的傳家寶。在 1521 年，他就說過：

> 區區所論致知二字，乃是孔門正法眼藏，於此見得真的，直是建諸天地而不悖，質諸鬼神而無疑，考諸三王而不謬，

---

❺⓪　〈詠良知四首示諸生〉之二至四，《王陽明全書》（二），207 頁。

❺①　指漢朝丹書，魏伯陽（二世紀中）之《周易參同契》。詩末「效貧兒」故有貶佛之意。

百世以俟聖人而不惑。❺❷

他利用佛語，來描寫這項發明的重要性，又以天地，鬼神，三代聖王為證，來表示這學說是信得過的。

陽明認為，他所發明的，不是嶄新的道理，而是古聖人親自傳下的正統儒學的教法。可惜孔孟死後，此學久失。陽明樹立新的道統，實有所借於朱熹所定的舊的道統。只是解釋傳心之教的內容與傳學者時，卻自立其說。他引了宋儒認為聖傳之句：「人心惟危，道心惟微。惟精惟一，允執厥中。」❺❸

陽明以此句為聖人傳心之訣：「孔孟之學，惟求務仁，蓋精一之傳也」。「……學問之道無他，求其放心而已矣。」❺❹可惜其教亡於功利之徒，心與理一分為二。世儒誤於求理於心外，佛老錯於求心而忘理。下至宋朝，周敦頤與程顥，才有復原其宗之意，「庶幾精一之旨矣」。至於陸九淵，「雖其純粹和平，若不逮於二子；而簡易直截，直有以接孟子之傳」。❺❺

陽明認為陸氏復得聖學之傳：

其議論開闔，時有異者；乃其氣質意見之殊，而要其學之必求諸心，則一而已。故吾嘗斷以陸氏之學，孟氏之學也❺❻。

---

❺❷　〈與楊仕鳴〉(1521)，《王陽明全書》（二），29 頁。《中庸》第二十九章說君子之道「考諸三王而不謬，建諸天地而不悖，質諸鬼神而無疑，百世以俟聖人而不惑」。即「聖人復起，不易吾言」的意思。

❺❸　〈象山文集序〉，《王陽明全書》（一），190 頁。

❺❹　同上。

❺❺　同上。

　　〈象山文集序〉，成於 1520 年。陽明當時尚未正式提出致良知之教。可是 1522 年後，致良知三字，成為陽明的護身符。他無時無處不講致良知。他又以良知教為心學，稱之為「一經沉沒數百年」的真道理，「古今人人的真面目」。❺❼他又說出故事，譬之於冒別姓墳墓為祖墓者。根據陽明，若要辨別真假，還得將子孫滴血，試於祖骨；若得吸入，即是真的血親。其偽者亦無所可逃。「我此良知二字，實千古聖聖相傳一點滴骨血也」。❺❽

良知與信心

　　陽明初發明良知時，曾覺得有一言發不出口，「津津然如含諸口，莫能相度」，他指出兩字後，又覺得

　　此良知無不具足。譬之操舟得舵，平瀾淺瀨，無不如意。雖遇顛風逆浪，舵柄在手，可免沒溺之患矣。❺❾

　　陽明又以帶宗教性熱誠的語言，來形容良知的效驗功能，將它比於舟車的指南針，醫者的奇藥秘訣，佛教的心印，道教的靈丹、試金石，甚至於點鐵成金的魔杖。❻⓪這類比喻，顯出他本人

❺❻　〈象山文集序〉，《王陽明全書》（一），190 頁。

❺❼　《年譜》（一），《王陽明全書》（四），125 頁。

❺❽　同上。《南史》卷五十三，「梁武帝諸子」傳，記武帝次子蕭綜事。綜母吳氏，原是齊主（東昏侯）宮嬪，歸武帝後，孕七月生綜。綜「聞俗說，以生者血，瀝死者骨，滲即父子」，乃私發東昏侯墓，出其骨，瀝血試之。參看（開明版）128 頁甲。

❺❾　同上。

❻⓪　《傳習錄》下，《王陽明全書》（一），77 頁。

對於良知的信心。因為靈丹奇藥雖然可能苦口，但是效力是不可疑的，陽明推薦良知功夫，也實有求人信之的意思。

建立新的道統，有如承認自己是聖人，親承古人之傳。陽明當之不讓；又說：「人胸中各有箇聖人，只自信不及，都自埋倒了。」❻❶所以他的學生，也有說過：「見滿街人都是聖人」的話❻❷。

陽明悟得「良知」後，自信愈深，從者愈眾，而四方阻力也愈顯。他自己的反應，是：

> 我在南都（南京）以前，尚有些子鄉愿的意思在。我今信得這良知真是真非，信手行去，更不著些覆藏。我今才做得箇狂者的胸次，使天下之人，都說我行不揜言也罷。❻❸

他一方面承認自己往時也曾經擔心人言，另方面表示現在「信得良知」後，已無所畏懼。他的學生薛侃（尚謙）聽此言後，說：「信得此過，方是聖人真血脈。」❻❹可見陽明雖自稱為狂，門人卻已認出，他已超狂入聖。

陽明晚年，多用「本體」字說良知，也多用「無」字說「良知本體」。甚至於有本體無知無不知，無善無不善之語。這是以佛老的「無」之邏輯，將「良知說」自道德論，提昇到本體論去。再者，他又說「信得良知」，顯出宗教性的信仰。

> 無知無不知。本體原是如此……
>
> 良知本無知，今卻要有知。本無不知，今卻疑有不知。只

---

❻❶　《傳習錄》下，《王陽明全書》（一），77 頁。

❻❷　見上，97 頁。

❻❸　同上。1514 至 1516 年，陽明住在南京。

❻❹　同上。參看本書第二章。

是信不及耳。㉜

　　良知本體的知與不知，這裏暫且不談。可是陽明要人「信得良知」，則可見於此。陽明亦曾稱致知二字，為「千古聖學之秘」，與「孔門正法眼藏」；㉝「秘訣」與「正法眼藏」，都是要人信的，要「致」良知，必先「信」良知。若信得良知，也就會發現：

　　　　此學益的確簡易，真是考諸三王而不謬，百世以俟聖人而
　　　　不惑者。㉞

　　陽明的《年譜》，述及良知時，數提「信」字，比如正德十六年 (1521)：

　　　　自經宸濠忠泰之變，益信良知真足以忘憂患，出生死。㉟

　　陽明作詩，亦有數篇述良知。其中有：

　　　　綿綿聖學已千年，兩字良知是口傳。
　　　　欲識渾淪無斧鑿，須從規矩出方圓。
　　　　不離日用常行內，直造先天未畫前。㊱

　　他似是以「良知」二字，代替《書經・大禹謨》的十六字。
　　陽明發明良知二字後，朝夕與朋友講習。他的思想愈入精細，教法也愈趨簡易。據他自己說，曾有一次，有人問他：「除卻良

㉜　《傳習錄》下，《王陽明全書》（一），91 頁。
㉝　〈寄薛尚謙〉(1523)，《王陽明全書》（二），35 頁。
㉞　〈答路賓陽〉(1523)，見上，35 頁。
㉟　《年譜》（一），《王陽明全書》（四），125 頁。
㊱　〈別諸生〉，《王陽明全書》（二），208 頁。撰於 1524 年左右。

知，還有什麼說得?」表示有疑於此，以為未足以盡道。陽明的答覆，也用同樣字句：「除卻良知，還有什麼說得?」 **⑦**

---

⑦　〈寄鄒謙之〉(1526)，《王陽明全書》（二），45 頁。

第七章　問學的止境：無善無惡

須知太極元無極，始信心非明鏡臺。❶

一、引　言

　　至今為止，我們說的，是王陽明如何發揮他的思想。我們探討過，他的數項重要概念的開展，與它們所引起的爭論。我們研究過，他發明的入聖方法「致良知」的含意。我們特別提出，「心之本體」或「良知本體」的深意，與其所帶來的困難。

　　現在我們來到陽明哲學思想中的最難解的問題：惡的問題，與超善惡的問題。這接近所謂「正統」與「異端」的最後分界線，並引出儒、道、佛三教孰是真理的問題。筆者認為，這是研究王學的核心問題；學者既不能避免，也是義不容辭的。在解釋陽明的「四句教」懸題時，筆者特別考慮史實與文獻，以確定陽明的用字。「四句教」牽涉到的整個善惡問題討論完後，才進一步，討論「三教合一」的問題，並詳述王陽明與道、與佛的關係，以求明白，「真理孰屬」問題的整體性。

---

❶　《王陽明全書》（二），195 頁。

二、「四句教」的懸題

王陽明的「四句教」是他留下的學說的最難解部分，而且引起了數世紀的學術爭執。明末清初諸大儒，如顧憲成、王夫之、顏元等人，❷從而指責陽明「陽儒陰釋」，張烈著《王學質疑》和《讀史質疑》，攻王更厲。甚至於謂：「陽明一出而盡變天下之學術，壞天下之人心。」❸將王氏說成聖門的萬世罪人。

為陽明辯護的古今學者，或說四句教非王氏真傳，企圖將「佛」的罪名，推到陽明弟子王畿（龍溪）身上（劉宗周）。❹或舊琴重彈，強調陽明仍是孟子的嫡傳，從未背棄性善學說（唐君毅）。❺他們的說法，都建立於一種道統的觀念上，以儒為正，釋為邪，而認為正邪不可相犯。現代的學者，不受這門戶之見的影響，而以純客觀精神，討論四句教的仍舊為數不多，有的竟換了政治眼鏡，以「左右」二派的意識形態，來代替儒佛之爭，而給陽明思想重新評價（嵇文甫）。❻

對於四句教非王氏真傳的看法，筆者懷著很深的疑問，我覺得我們現在不應該耗費太多精神與墨水，去做護道工作。本著正

---

❷ 參看本書之「跋」。

❸ 張烈《讀史質疑》卷四，見《王學質疑·附錄》（《正誼堂全書》本）。

❹ 劉宗周說，見黃宗羲《明儒學案·師說·王龍溪畿》。

❺ 唐君毅說見《中國哲學原論：原性篇》（香港，新亞，1968）440頁。

❻ 嵇文甫說見《左派王學》（重慶，商務，1944年版）。

視史實、真理的原則，我願意再次研究四句教，並且逐字分析、推解，從而追求陽明立說的深意。

(1)史實與文獻

「四句教」的歷史性原始資料，包括《傳習錄》、《年譜》與《王龍溪全集》等。這些文獻，都與參加「四句教之爭」的王門二大弟子錢德洪（洪甫）、王畿（龍溪）有關。《傳習錄》下記錄「四句教」的幾段和《年譜》內所記述的，似都來自錢德洪之筆。《王龍溪全集》首卷首篇〈天泉證道記〉，是王畿門下所錄，也是由王畿親述的記載。這三份記錄，最早脫稿付梓的，似是《傳習錄》下（嘉靖三十五年，即 1556 年）。其次是《年譜》（嘉靖四十二年，即 1563 年）。再次是《王龍溪全集》（萬曆十五年，即 1587 年）。

這三份文獻，雖來自爭論「四句教」的兩方面人士，而且時間有先後的不同，內容卻很接近，都報導錢、王二人對於「四句教」的異解，和陽明本人的最後說明。現在謹記下他們所述的四句教文字：❼

> 無善無惡是心之體，
> 有善有惡是意之動，
> 知善知惡是良知，
> 為善去惡是格物。

錢、王二人都將「四句」說為師門教法。但是，現存的《王陽明全書》中，除以上數處外，並沒有這「四句」的記述。這不

---

❼　《傳習錄》下，《王陽明全書》（一），98 頁。

是說「四句」不可靠，但是許多人卻因而懷疑「四句」的來源，甚至於否認「四句」與王陽明的關係。筆者認為他們的說法是立不住的。因為文獻方面的問題，並不是《王陽明全書》他卷有沒有四句的記述，而是記述「四句」的文獻，本身是不是可靠。而《傳習錄》與《年譜》，是我們擁有的述說王氏哲學的最好的資料。若是我們不接受四句，我們亦應懷疑陽明其他的學說。

不過，根據另一記述——鄒守益（謙之）《青原贈處》❽——「四句」中的第一句第一字，不是「無」而是「至」：至善無惡者心，這樣一來，似乎改變了全文的意思。

錄《青原贈處》來自 1546 年，比錢、王二人的現存記載還早。但是鄒守益並沒有參加他們在天泉 (1527) 的爭論，不能算是局內人。❾

「至善」的「至」字，也不是沒有它的出典，《傳習錄》上，花間草段內，陽明答薛侃問時，曾說：「無善無惡，是謂至善。」因此，至善並不是無善惡的相反。而「四句教」的深意，就建立在陽明的「善惡」說上，這是無可異議的。

⑵錢、王的異解和陽明的答覆

根據上述文獻的綜合報導，在明嘉靖六年 (1527) 九月，王陽明以都察左御史的身份，奉命出征廣西思恩、田州一帶，出發前夕（九月初八），王氏二大弟子錢德洪和王畿，上錢塘江舟中，造訪同門的張元沖，並討論陽明的講學宗旨。錢、王二氏，當時表

---

❽　《明儒學案》卷十六，7 頁乙。
❾　鄒守益於 1523 年春，來越問學，居數日後即走。見《傳習錄》下，《王陽明全書》（一），97 頁。

示不同的意見。但是他們的爭論，並不是善惡問題，也不是「四句」的文字，而是「四句教」在陽明思想體系上的重要性。

> 緒山錢子（德洪）謂此是師門教人定本，一毫不可變易。先生（王畿）謂夫子（陽明）立教隨時，謂之權法；未可執定。❿

這是王畿門人記下的話。

既然「四句教」的首句，是全教關鍵所在；錢、王二人，對於首句的解法，也有不同之處。錢說：

> 心體是天命之性，原是無善無惡的。但人有習性；意念上見有善惡在。格、致、誠、正、修此；正是復那性體功夫。若原無善惡功夫，亦不消說矣。⓫

而王畿則說：

> 若悟得心是無善無惡之心，意即是無善無惡之意，知即是無善無惡之知，物即是無善無惡之物。⓬

他強調的，不是「修」，而是「悟」。

當晚，他們一同去見陽明，請他解難。陽明移席天泉橋上，在師生們三年前中秋晚聚歡唱歌的地方，認真講學。錢王二氏，既是陽明親信弟子，一向協助夫子教誨新來學生。這次，陽明也

---

❿　〈天泉證道記〉卷一，1 頁。見於《王龍溪全集》（臺北，華文，1970）。

⓫　《傳習錄》下，《王陽明全書》（一），98 頁。

⓬　〈天泉證道記〉卷一，1 頁。

為兩人折衝。

> 二君之見，正好相資為用；不可各執一邊。⓭

他說出自己有兩種學生，所以因材施教，或修或悟，皆看人而定。

> 利根之人，一悟本體，即是功夫……其次不免有習心在，本體受蔽……汝中（王畿）之見，是我接利根人的。德洪之見，是我這裏為其次立法的。⓮

不過，陽明警告他們，不要「懸空想箇本體……，養成一個虛寂……」，而且，「汝中此意，正好保任，不宜輕以示人……」⓯

陽明既然說過：「無善無惡，是謂至善。」又在「四句教」內的首句說：「無善無惡心之體。」他所講的「善惡」、「無善惡」與「至善」，有何意思？

在「花間草」一段，薛侃曾以花為善，草為惡，問過陽明：「天地間何善難培？惡難去？」這項問題，將倫理的善惡問題，移到與其無關的花草身上。陽明因此答道：「此等善惡，皆由汝心好惡所生。」⓰又分理、氣二界，以理為形上學界，氣為倫理道德學界，解釋無善惡的意思：

> 無善無惡者，理之靜。
> 有善有惡者，氣之動。

⓭　《傳習錄》下，《王陽明全書》（一），98 頁。

⓮　同上。

⓯　同上。

⓰　見上，24 頁。陽明當時即以「治天下」為儒佛之別。

> 不動於氣，即無善無惡，
>
> 是謂至善。❼

陽明解釋「善惡」與「好惡」的不同。「好色惡臭」本是自然的事，「是天理合如此，本無私意」。善惡卻與動氣有關，全在於人心。舍心求物，即是動心；便有私意，有惡。而「廓然大公，方是心之本體」，也是「未發之中」。

陽明用《中庸》未發已發思想，解釋他的善惡觀念。「喜怒哀樂未發之中」，即是至善，也是「無善無惡」。因為「未發」便是「不動氣」的心體，沒有私意的心體。

如此說，陽明似乎重「未發」的「不動氣」，而偏靜厭動，事實卻剛好相反。陽明評論孟子、告子時，說過：「論性不論氣不備；論氣不論性不明」。❽

又說：

> 心之本體，原是不動的，只為所行有不合義，便動了……
> 告子只要此心不動，便是把捉此心。將他生生本息之根，
> 反阻撓了。……《孟子》集義功夫，自是養得充滿……活
> 潑潑地，此便是浩然之氣。❾

可見陽明的實踐哲學，不是靜坐養心，而是日用生活中的「集義」功夫。他說過：「為學功夫有淺深。初時若不著實用意去好善惡惡，如何能為善去惡?」❿

---

❼　《傳習錄》上，《王陽明全書》（一），24 頁。

❽　《傳習錄》下，《王陽明全書》（一），84 頁。

❾　見上。

❿　《傳習錄》上，《王陽明全書》（一），28 頁。

功夫只是一種，但有淺深之分。本體也只有一箇；也有「悟」
與「不悟」之別。從此看來，「四句教」的含意，也不說自明。

不過，「四句教」文字中，尚有待解的：如心，意，知，物之
類。王陽明在與羅欽順論學時，曾提出他對於這些專詞的意見。
他的哲學體系，根本上是一元論的。他以心即理，理即性。他解
釋《大學》的正心、誠意、致知、格物，都以一貫性的「心」來
發揮其深意。「心」字出自《孟子》，又是佛典禪宗的思想重點。
陽明「四句教」的文字，後三句皆談《大學》宗旨，並引用孟子
之「良知」說來講《大學》的「格物致知」。但是首句又用佛的
「無」字、「體」字，來講「心」；將正心、誠意、格物、致知的
思想，從純實踐哲學界，移到不分「體用」的「心學」形上界，
給《大學》新的意義。可見陽明的無善惡的「心體」，即是超善惡
的「本體」。

無善惡與超善惡，都不是與善惡脫節，陽明分辨了超善惡的
本體界與別善惡的實踐界。他並不鼓勵人們遺棄實踐，單講本體。
相反地，他堅持修身的重要性；指出「悟」與「修」的不可分離
性。他的理想聖人，是身心皆化，好善如好色，忌惡如惡臭的人。
這種人的「心」，已與「道心」一致，既是至善，又是超善惡。

> 聖人無所不知，只是知箇天理；無所不能，只是做箇天理。
> 聖人本體明白，故事事知箇天理所在，使去盡箇天理。 ❷

---

❷　《傳習錄》下，《王陽明全書》(一)，80 頁。

三、王陽明與佛道二教

　　王陽明對於佛道二教所持的態度，有所變化。這是我們閱讀
《王陽明全書》時可以發現的。比如《傳習錄》卷中、卷下用的
佛語，或道教術語，比較早出的卷上 (1518) 多。陽明的《詩集》
也如此。根據他自己的著述，與他《年譜》所載，筆者認為，陽
明早年（即其一生之前三十年左右）在攻讀儒家（與理學）思想
之餘，對於佛與道，實有所染，甚至於數度有遺世意。1503 年，
陽明「漸悟仙釋二氏之非」，並「復思用世」。❷其後，陽明在龍
場得悟 (1508) 雖是悟入聖學，卻得之於「端居澄默，以求靜
一」，❷可說仍受佛老影響。不過，他在此後所寫的詩文，雖用佛
老語，卻有「非之」之說。比如他吸引的門人，亦多嚮往佛老者。
陽明給他們「寄聲」說：❷

　　　　王生兼養生，蕭生頗慕禪。
　　　　迢迢數千里，拜我滁生前。
　　　　吾道既匪佛，吾學亦非仙。
　　　　坦然由簡易，日用匪深玄。
　　　　始聞半疑信，既乃心豁然。

但是，他晚年（1519 年或後）寫的詩文，極少「非之」之語。其

---

❷　《年譜》(一)，《王陽明全書》(四)，82 頁。參看柳存仁〈王陽明與
　　佛道二教〉，《清華學報》新十三卷 (1981)，27–51 頁。

❷　見上，84 頁。

❷　《王陽明全書》(二)，169 頁。此詩似作於 1513 年。

中有一首說悟的詩，意境全出自佛與道：

> 蓮花頂上老僧居，腳踏蓮花不染汙。
>
> 夜半花心吐明月，一顆懸空黍米珠。㉕

這詩中所述的「老僧」，與「蓮花」，「明月」，等語，全是談佛。「夜半」固是悟「時」，而「懸空黍米珠」之語，出自《道藏》首卷，《度人經》。㉖此詩可說是陽明詩中，象徵性最濃，意境最密的一首。

陽明講學，多用佛老語，而不分「佛」與「老」，這是明朝佛道二教已逐漸合一之證。再者，也是陽明已將其精髓收入自己思想體系的表示。

(1)王陽明與道教

在討論陽明思想與道教間之關係之前，我們首先指出，「道家」與「道教」並非一物。到了宋明時代，前者已深入禪宗思想，而後者所求之「金丹」，也因佛教影響，而愈為「內在」。陽明早年的道教修持，就是接近全真派的內丹功夫。

道教的影響，既在修持方面，與思想關係並不深。陽明為「養生」而行導引之術，這是實踐方面有影響。他談靜坐時，也有混合佛、道二教的趨向，所以我們若要講究道教在思想上給陽明影

㉕ 〈登蓮花峰〉(1519)，《王陽明全書》（二），193 頁。

㉖ 「明月」「蓮花」皆指「悟」之佛語。見《諸佛境界攝真實經》，《大藏經》第 868 號，274 頁；《華嚴經》，《大藏經》第 278 號 411–412 頁。「懸空黍米珠」則指元始天尊在空中之說教。見《靈寶無量度人上品妙經》，入《道藏》第 1 號，卷一，2–3 頁。

響的話，主要是考查他為何求養生。《年譜》說得清楚，陽明體弱多病，早年時若求長生之術，確有「貪生怕死」之意。

但是陽明也看老氏之書，他稱揚老子以「知禮聞」，❷可惜「專於為己」而「無意於天下國家」。他引《老子》十一章「美色令人目盲」四句，只稍改數字，但是他的語意，是教人避免「外馳」、「非禮勿視、聽、言、動」，❷實是歸之於儒，然後再歸之於「心學」。筆者認為，這是值得注意的。尤其因為陽明應材施教，與門人講學時雖用佛老語，卻將其意思，加以改造，使合其本人意思。

陽明與道教的題目，實不易講。因為道教所指甚廣。筆者之意，尤以養生之術（求內丹之功）為主。但是在此處也稍提所謂「求雨」術。

陽明早年，多次與道士有往來。並因體弱多病，蓄意養生。1503 年，築室「陽明洞」中，以修導引之術。久之，竟得先知之明。但終以此為玩弄「精神」而棄之。❷其後，有人問神仙有無時，陽明自述平生經驗：

> 僕誠生八歲而即好其說，今已餘三十年矣。齒漸搖動，髮已有一二莖變化成白，目光僅盈尺，聲聞函丈之外。又常經月臥病不出，藥量驟進，此殆其效也。❸

但是他認為，神仙非無：

---

❷　〈第五道〉之二，《王陽明全書》（一），148 頁。

❷　《傳習錄》上，《王陽明全書》（一），29–30 頁。

❷　《年譜》（一），《王陽明全書》（四），82 頁。

❸　〈答人問神仙〉(1508)，《王陽明全書》（二），67 頁。

> 古有至人，淳德凝道，和於陰陽，調於四時，去世離俗，
> 積精全神，遊行天地之間，視聽八遠之外……亦嘗有之。**❸¹**

只是神仙非可學而至：

> 呼吸動靜，與道為體；精骨完久，稟於受氣之始。此殆天
> 之所成，非人力可強也。**❸²**

那是 1508 年的事。其後十餘年 (1521)，陽明致書陸澄（原
靜），也曾勸他不必因多病而從事養生。並引所謂「真我」字，而
改變其意義：

> 大抵養德養身只是一事。原靜所謂「真我」者，果能戒謹
> 不睹，恐懼不聞，而專志於是，則神住氣住精住，而仙家
> 所謂長生久視之說，亦在其中矣。**❸³**

陽明對於老子、廣成子、彭祖之類的所謂古之「神仙」，尚存
敬意。至於民間宗教所崇尚的「拔宅飛昇，點化投奪之類」，陽明
認為只是「方外技術之士，未可以為道。」**❸⁴**

至於後世之名道士，如白玉蟾、丘長春之類，他們得壽亦不
過五、六十歲。所以「養生」即是勞神，不如「遺棄聲名，清心
寡欲，一意聖賢。」**❸⁵**

---

❸¹ 〈答人問神仙〉，《王陽明全書》（二），67 頁。

❸² 同上。

❸³ 〈與陸原靜〉(1521)，《王陽明全書》（二），30 頁。

❸⁴ 〈答人問神仙〉，見上。67 頁。廣成子，見葛洪《神仙傳》卷一。彭
祖，見劉向《列仙傳》卷上。

❸⁵ 〈與陸原靜〉，見上，31 頁。

這也可說是陽明本身的「死生觀」。他強調的，不是養生，而是超生死。所以他指出，孔子門人顏淵，雖然「三十二而卒」，實則「至今未亡也。」❸❻這是儒家「立德」學說。

他的詩集中，另有「答人問道」句，短短數字，說出自己的立場用的卻是佛老語：

> 饑來喫飯倦來眠，只此修行玄更玄，
> 說與世人渾不信，卻從身外覓神仙。❸❼

陽明對於道教的最嚴厲的指責，也在詩中。他以《悟真篇三註》為題材，痛罵其圖利迷人之禍，又疑《三註》皆偽，實出一手：

> 《悟真篇》是誤真篇，《三註》由來一手箋。
> 恨殺妖魔圖利益，遂令迷妄競流傳。
> 造端難免張平叔，首禍誰誣薛紫賢？
> 真說與君惟簡子，從頭去看野狐禪。❸❽

可是第二首詩的語意已較平和：

> 誤真非是《悟真篇》，平叔當時已有言。❸❾

---

❸❻　〈答人問神仙〉，見上，67 頁，白玉蟾是宋道士葛長庚之別名；丘長春即元道士丘處機，號長春子。

❸❼　《王陽明全書》（二），207 頁。參閱《景德傳燈錄》，《大藏經》第 2076 號，卷六，247 頁。

❸❽　見上，177 頁。《悟真篇三註》，《道藏》第 141 號。「三註」題薛道光（紫賢）、陸墅（子野）、陳致虛（上陽子）註。此書比陽明所疑更複雜。參看柳存仁所撰〈道藏悟真篇三註辨誤〉，見《東西文化》十五 (1968)，33–41 頁。「野狐禪」指「偽禪」。

只為世人多戀著，且從情欲起因緣。

癡人前豈堪談夢，真性中難更說玄。

為問道人還具眼，試看何物是青天？ ❹

　　而且陽明承認，《悟真篇》後序中，有所謂「黃老悲其貪著，乃以神仙之術漸次導之者」；即是有憫世之意。 ❹

　　長生久視，化身神仙之事，雖非人的理性所易解，卻對人的想像力有號召。陽明喜言神仙。曾在遊山玩水，訪問道觀時，留詩助興。其中有：

清溪曲曲轉層林，始信桃源路未深……

丹爐遺火飛殘藥，仙樂浮空寄絕音。

莫道山人才一到，千年陳迹比重尋。 ❹

　　上述的山人，想必陽明山人本身。再有更駭人聽聞的詩句如下：

落日下清江，悵望閣道晚。

人言玉笥更奇絕，漳口停舟路非遠。

……

夢魂忽忽到真境，侵曉循迹來洞天。

洞天非人世，予亦非世人。

❸⑨　張平叔即張伯端（十一世紀），宋時創道教（全真派）南宗者。

❹⓿　〈與陸原靜〉，《王陽明全書》（二），30 頁。

❹①　參看本書第一章。

❹②　〈火秀宮次一峰韻三首〉（一）(1520)，《王陽明全書》（二），202頁。

當年曾此寄一迹，屈指忽復三千春。

……

空中仙樂風吹斷，化為鼓角驚風塵。

風塵慘淡半天地，何當一掃還吾真？

從行諸生駭吾說，問我恐是茲山神？

君不見廣成子：高臥崆峒長不死。

到今一萬八千年。陽明真人亦如此！　㊸

陽明在鄉習養生那年 (1503)，竟得能呼風化雨之名。當時曾有地方官長，遣人問陽明求雨之道。陽明也表示自己無意於此種方術：「蓋君子之禱，不在於對越祈祝之際，而在於日用操存之先。」他認為，為民吏者，若有除弊興利之行，而暑旱尚存，雨澤未應的話，一定因為別有「所以致此者。」㊹這是合乎理性與科學的話。

陽明同意古人在叩天求雨時，引咎自責，如《史記》㊺所載，商湯以六事自責等。他反對的，不是禱雨之祭，而是「所謂書符呪水而可以得雨者。」㊻他甚至於親自作文禱雨於南鎮，為民請命，以理說神：

㊸　〈火秀宮次一峰韻三首〉(三)，《王陽明全書》(二)，202 頁。陽明述夢中「真境」，又自稱「真人」，想是以「立德」之不朽，比夢中之神仙。

㊹　〈答佟太守求雨〉(1503)，《王陽明全書》(二)，63 頁。

㊺　《史記・殷本紀》(卷三) 並無此事。參看《呂氏春秋・順民篇》，鄭振鐸《湯禱篇》(上海，古典出版社，1957)，9-10，20-29 頁。

㊻　〈答佟太守求雨〉，見上。

夫薄罰以示戒，神之威靈，亦既彰矣。……神之慈仁，固
應不為若是之甚也。夫民之所賴者神，神之食於茲土，亦
非一日矣。今民不得已有求於神，而神無以應之，然則民
將何恃，而神亦何以信於民乎？❹

另外，陽明在南贛時，亦曾禱雨，並自引咎。他的〈祈雨辭〉
說：「小民無罪兮，天無咎民。撫巡失職兮，罪在予臣。」❹

祈雨於神，確是古代宗教之一部份；陽明雖然照做，卻有所
保守。但是追求長生久視之事，則是他有意擯棄的。陽明多病，
五十餘歲即早殤。他在晚年曾作以下的表示：

長生徒有慕，苦乏大藥資。
名山遍探歷，悠悠鬢生絲。
微軀一繫念，去道日遠而。
中歲忽有覺，九還乃在茲。❹
非爐亦非鼎，何「坎」復何「離」？❺
本無終始究，寧有死生期。
彼哉遊方士，詭辭反增疑。
紛然諸老翁，自傳困多歧。

---

❹ 〈南鎮禱雨文〉(1503)，《王陽明全書》(四)，63 頁。

❹ 〈祈雨辭〉(1516)，《王陽明全書》(二)，124 頁。

❹ 「九還」指「九還丹」。「九」為金之成數。「九還轉丹」傳有還先天
真性之功。《悟真篇》即說之。參看《紫陽真人悟真篇三註》，見前
述，卷五，11–12 頁。

❺ 「坎」「離」皆屬八卦，分指水火。在道教鍊丹與修持中，亦有一定
意思。

乾坤由我在，安用他求為？

千聖皆過影，良知乃吾師。❺

(2)王陽明與佛教

陽明生平，與道教及道士的關係，似是比他與佛教的關係深。可是他卻更多次，被斥為「陽儒陰禪」。這來自儒家的「正統派」持有的與佛對立的態度，因為佛教究竟來自外邦，而且禪宗影響人心已久，儒者不禁目之為敵。

陽明本人，對於佛教的看法，似有曖昧之處。他同情禪宗的「明心見性」的宗旨，但是不滿於佛（與老）的出世精神。他曾看佛書；他的語錄與文集中，引用大乘之多種經文，包括《法華經》，《楞嚴經》，《金剛經》，《楞伽經》，《涅槃經》，《圓覺經》，與希運的《傳心法要》在內。他最多引述的，是《六祖壇經》與《傳燈錄》。❺ 不過他也認為佛學是他早年所好，得悟後不再學的；就如道教一般。這至少是他早期教學時的立場。比如學生蕭惠「好仙釋」，陽明對他說：

吾亦自幼篤志二氏，自謂既有所得，謂儒者為不足學。其

---

❺　「長生」詩，見於《王陽明全書》（二），210 頁。

❺　這不是說陽明博覽佛經。他深入認識的，尤其是禪書。再者，佛教對於王陽明的影響方面，學界意見仍不一致。陳榮捷認為不多。（參閱 "How Buddhistic Was Wang Yang-ming?" *Neo-Confucianism etc.: Essays.* By Wing-tsit Chan, comp. by Charles K. H. Chen (New Haven, Oriental Society, 1969), 227–247.) 荒木見悟認為不少。（參閱〈陽明學と明代の佛教〉收入「陽明學大系」內第一卷《陽明學入門》（東京，明德，1971），291–320 頁。）

後居夷三載，見得聖人之學，若是其簡易廣大，始自嘆悔錯用了三十年氣力。❸

當蕭惠追問「二氏之妙」時，陽明回答：

汝卻不問我悟的，只問我悔的。❹

蕭惠也曾問陽明，私心應如何克服。陽明既知他愛佛，也故意學禪宗的二祖慧可 (486–593) 與弟子（三祖）僧璨的說話口氣而說：「將汝己私，來替汝克。」❺

陽明不同意蕭惠給「軀殼的己」與「真己」的分辨。他的解釋是：心之本體即是真己，也即是天理。

這箇真己，是軀殼的主宰。若無真己，便無軀殼。真是有之即生，無之即死。❻

王陽明發現「心之本體」或「良知本體」，並以之為最高真理，是佛教對他的影響的表現。他說的「本體即工夫」也有華嚴宗「理事無礙」的意思，與禪宗所謂「平常心是道」很接近。不過他的最似禪的學說，仍是所謂「無善無惡」論。這是值得再次討論的。

早在《孟子》（〈告子上〉）內，即有告子以性為「無善，無不

---

❸　《傳習錄》上，《王陽明全書》（一），30 頁。參看日本學者的近著：牛尾弘孝〈王陽明と禪思想〉，岡田武彥編《陽明學の世界》（東京，明德出版社，1986），162–181 頁。

❹　見上，29 頁。

❺　同上。

❻　見上，30 頁。

善」的記載。這是與孟子的性善論對立的學說，因此被理學家認
為「異端」。不過陽明引禪宗的「不思善不思惡時，認本來面
目」❺卻有更深遠的影響。這也是崇尚道德是非標準的儒者最不
滿意的事：

> 不思善不思惡時，認本來面目，此佛氏為未識本來面目者
> 設此方便。本來面目即吾聖門所謂良知……隨物而格，是
> 致知之功。即佛氏之常惺惺，亦是常存他本來面目耳。❺

　　以良知比「本來面目」，即是指「本體」。這還不算嚴重。但
是肯定「不思善不思惡」卻是陽明以前的性理學家尚未說過的話。
陽明在此，簡直以「致良知」與「不思善不思惡」認同。不過他
加上一句：「佛氏有箇自私自利之心，所以便有不同耳。」❺
　　當學生問他，他的「無善無惡」說，與佛教的「無善無惡」
說，有何不同時，陽明又以治天下為譬：

> 佛氏著在無善無惡上，便一切都不管；不可以治天下。聖
> 人無善無惡，只是無有作好，無有作惡；不動於氣，然遵
> 王之道，會有其極。❺

❺ 此語出自《六祖大師法寶壇經》。傳說是慧能問惠明時說的。又是後
　　代禪宗用以覺醒初學者的「公案」。參看《大藏經》第2008號，卷
　　一，349頁。此是宋本《壇經》，宗寶撰。
❺ 〈答陸原靜〉（二），《傳習錄》中，《王陽明全書》（一），55頁。
❺ 同上。
❺ 《傳習錄》上，《王陽明全書》（一），24頁。聖人「無有作好，遵王
　　之道。無有作惡，遵王之路……王道正直，會有其極。」出自《尚書
　　正義·洪範篇》（四部備要本）卷十二，8頁乙。

這是陽明引《書經・洪範篇》，以證明己意。這裏的「有作惡」，又是「好色惡臭」的「好惡」，是知覺問題，而非道德問題。「動氣」後才有道德性的「善惡」。這般看，超善惡的聖人，是超「好惡」，沒有私意的人。陽明說無善惡，似近禪語；但是他以「私意」定善惡之別，卻與佛家的「妄念」有所不同。他堅持「循理便是善，動氣便是惡」；所以物也無善無惡；心之本體，也無善無惡。不過，他再次指出，佛氏「過於」無善惡，遺世出家，是有「私心」。**❻❶**

儒家普通以善惡為相對，如冰炭一般。陽明卻說過，「善惡只是一物」。因為「善惡皆天理」謂之「惡者本非惡，但於本性上過與不及之間耳。」**❻❷**所以「人但得好善如好色，惡惡如惡臭，便是聖人。」**❻❸**可見陽明本無意化道德論為知覺論；他的用意，是改造人心，化知覺為道德。

陽明屢次說出，他對佛教的不滿。他說：「佛氏不著相，其實著了相。吾儒著相，其實不著相。」又解釋說：

> 佛怕父子累，卻逃了父子。怕君臣累，卻逃了君臣。怕夫婦累，卻逃了夫婦。都是為箇君臣，父子，夫婦，著了相，便須逃避。如吾儒有箇父子，還他以仁。有箇君臣，還他以義。有箇夫婦，還他以別。何曾著父子，君臣，夫婦的相？**❻❹**

---

❻❶ 《傳習錄》上，見上，24頁。

❻❷ 《傳習錄》下，《王陽明全書》（一），81頁。這裏陽明的「天理」，實指本性之自然，與他處指本性「應有」之自然不同。

❻❸ 同上。

❻❹ 見上，82頁。

　　這可說是「以人之謀，用人之身」。為教化已受佛老影響的學生，陽明時用佛老術語；但是他的用意，卻與佛老不同。認陽明為禪為異端者，時常忽略這「毫釐千里」之差。

　　陽明時用其得自《六祖壇經》的「明鏡」之譬。他以良知本體比「明鏡」，又以「磨鏡」為喻，來說「致良知」。

> 聖人致知之功，至誠無息。其良知之體，皦如明鏡，略無纖翳。妍媸之來，隨物見形；而明鏡曾無留染，所謂情順萬事而無情也。無所住而生其心。佛氏曾有是言，未為非也。明鏡之應物，妍者妍，媸者媸，一照而皆真，即是生其心處。妍者妍，媸者媸，一過而不留，即是無所住處。❻❺

　　明鏡指「照心」，一照皆真，「以其發於本體明覺之自然」，鏡若不明，則比「妄心」。「磨鏡」可比致良知之功夫，使「妄心」恢復其原有之光。❻❻

> 譬彼土中鏡，闇闇光內全。
> 外但去昏翳，精明燭媸妍。
> 世學如蒭絲，粧綴事蔓延。
> 宛宛具枝葉，生理終無緣。
> 所以君子學，布種培根原。
> 萌芽漸舒發，暢茂皆由天。❻❼

---

❻❺　〈答陸原靜〉（二），《傳習錄》中，《王陽明全書》（一），55 頁。「無所住而生其心」出自《金剛經》。見本書第四章❺❷。以鏡喻心，《莊子》、《肇論》皆有，但是《壇經》所說最明。

❻❻　見上，54 頁。

❻❼　〈門人王嘉秀實夫蕭琪子玉告歸。書此見別意、兼寄聲辰陽諸賢〉，

陽明若是單以明鏡比良知，磨鏡比致知，我們或會以他與禪宗的神秀相比。但是他不只談「磨鏡」。他也引「無所住而生其心」之語。他甚至於進一步說「心非明鏡」，「明鏡亦塵埃」。可見他更接近禪宗六祖慧能。❻「無所住而生其心」，是慧能得悟時所聞之經語，也是《六祖壇經》的核心思想。「不思善不思惡」也只是為了「無所住」而設的「方便」。陽明既以「私念」為「著相」。「無所住」或「無著相」也是去私念的意思。而去私念，即是致良知。

如上所述，這裏是陽明的心學，與禪宗的「毫釐千里」之別所在。禪宗為求「明心見性」而有修悟；儒家則以「明明德」為「治國平天下」之本。陽明的論辯結構，得自禪宗，又有禪宗的辯證色彩。他用的譬喻與字句，也多得自禪。但是他的基本上的「意向」，卻與禪不同。陽明的根本精神，是入世精神；他要「拔本塞源」，使人除去功利之心，也是為了「治國平天下」。這與禪宗的「以心求心，以心使心」❻全然不同。筆者這裏用朱熹之語，為陽明辯護。

但是，陽明對於禪宗，確有親切感。他不像韓愈一般，以異端目佛老。他的「為聖之學」，超乎門戶之見。他在禪宗，也實有所得。他在龍場「端坐澄默」，終求得「超死生」，是我們不能遺忘的事。

學問功夫，於一切聲利嗜好，俱能脫落殆盡，尚有一種生

《王陽明全書》（二），169 頁。「世學」固指辭章與訓詁。
❻ 見本書第一章。探討「明鏡」喻最出色的論文是 Paul Demiéville 的 "Le Miroir Spirituel," *Sinologica* 1 (1948), 112–137。（法文）
❻ 參看〈觀心說〉，《朱子大全》卷六十七，18–20 頁。

死念頭毫髮掛帶，便於全體有未融釋處，人於生死念頭，本從生身命根上帶來，故不易去。若於此處見得破，透得過，此心全體方是流行無礙，方是盡性知命之學。❼⓿

解脫得死生念，也是《孟子》的「殀壽不貳，修身以俟之，所以立命」之意。❼① 又有「無所住而生其心」之意。可見陽明融會儒佛處。

「無所住而生其心」，也可用以解釋心性無定體之意。❼② 所以陽明除說「磨鏡」、「去翳」之外，也說「心非明鏡臺」之語；同時又合「無極」與「太極」：

一竅誰將混沌開？千年樣子道州來。
須知太極元無極，始信心非明鏡臺。
始信心非明鏡臺，須知明鏡亦塵埃。
人人有箇圓圈在，莫向蒲團坐死灰。❼③

陽明對於靜坐的看法與其演變，亦是他對於佛教所持態度的表現。當學生劉君亮有意去山中靜坐時，陽明說：

汝若以厭外物之心去求靜，是反養成一箇驕惰之氣了。汝若不厭外物，復於靜處涵養、卻好。❼④

---

❼⓿　《傳習錄》下，《王陽明全書》（一），90 頁。

❼①　《孟子・盡心篇》上（一）。

❼②　參看第六章，141–142 頁。

❼③　〈書汪進之太極巖二首〉，《王陽明全書》（二），195 頁。「道州」指周敦頤（湖南道州人）；「圓圈」指太極，或本體。最後二句，似有反對靜坐過多之意。

可見他認為「靜坐」本身亦無善無惡，全看人如何與為何用它。陽明晚年見初及門者，仍「每臨門，默坐焚香，無語」。**⑦⑤**

不過求靜過份，亦有流弊。所以有人自以為靜坐時有所得，而馳問陽明時，卻得到如下的反應：

> 我昔居滁時 (1513)，見諸生多務知解口耳異同，無益於得，姑教之靜坐。一時窺見光景，頗收近效。久之，漸有喜靜厭動，流入枯槁之病。或務為玄解妙覺，動人聽聞。**⑦⑥**

可見靜坐功夫，雖有其效，但是只是初學者為避免俗見而作的小功夫，不是可以導入聖賢之道的大功夫。

陽明時以靜坐與「光景」並提。他又表示「良知」不是「光景」。這也是他對於靜境時可能有的「玄解妙覺」**⑦⑦**有所保留的表示。

王陽明曾撰〈夜氣說〉，以發揮《孟子》語，

> 夜息之氣，由於旦晝所養。苟梏亡之反復，則亦不足以存矣。**⑦⑧**

此處尚無靜坐意思。但是有人問他：

> 儒者到三更時分，掃蕩胸中思慮，空空靜靜，與釋氏之靜

---

⑦④ 《傳習錄》下，《王陽明全書》（一），86 頁。

⑦⑤ 《年譜》（一），《王陽明全書》（四），142 頁。

⑦⑥ 見上，87 頁。

⑦⑦ 見上，125 頁。

⑦⑧ 〈夜氣說〉，《王陽明全書》（一），162 頁。「夜氣」指《孟子·告子篇》上。

　　只一般；兩下皆不用。此時何所分別？ ❼❾

他的回答是：

　　動靜只是一箇。那三更時分空空靜靜的，只是存天理。即
　　是如今應事接物的心。 ❽⓿

　　他也說良知是通乎晝夜的。人睡熟時，一叫良知便應。「日間
良知是順應無滯的。夜間良知即是收斂凝一的。」❽❶ 這也是說「致
良知」比靜坐為要的意思。

　　不過陽明亦有提到晝夜的消息變化觀念。這方面，他雖有得
於《易經・繫辭》，但是與道教修持亦有關係。陽明死後，錢德洪
致書羅洪先，提到羅氏「閉關三年，始信古人之學，丕顯待旦，
通晝夜，合顯微而無間，似亦暗示此意。」❽❷ 羅氏也是王門江右
「正統」派學者，竟由靜坐入手，而信得良知。

　　陽明死後，弟子錢德洪亦曾送陽明子正億往南京 (1550)。錢
氏與吏部郎中何遷同登報恩寺塔時，何氏曾以靜坐問之：

　　聞師門禁學者靜坐，慮學者偏靜，淪枯槁似也。今學者初
　　入門，此心久濡俗習，淪浹膚髓。若不使求密室，耳目與
　　物無所睹聞，澄思絕慮，深入玄漠；何時得見真面目乎？ ❽❸

---

❼❾　《傳習錄》下，《王陽明全書》（一），81 頁。

❽⓿　同上。

❽❶　見上，88 頁。

❽❷　〈答論年譜書〉，《年譜》（二），《王陽明全書》（四），202 頁。羅氏
　　默坐石蓮洞，三年不出戶。見黃宗羲《明儒學案》卷十八。

❽❸　見上，177 頁。

錢氏的回答，明辨陽明對於「靜坐」的態度：

> 師門未嘗禁學者靜坐，亦未嘗立靜坐法以入人……只教致
> 良知。良知即是真面目。❽

陽明不立靜坐法，又不禁靜坐。無怪他死後，弟子又有靜坐
歸寂者，如聶豹與羅洪先即如是。❽

四、三教的一致

「三教合一」的現象，在思想史上早就開始。宋學本身，即
是儒學與佛老的思想結晶所生。朱熹的體系與陸九淵的哲學，各
自代表三教的一種調和。而王陽明的公開討論三教一致，更是這
方面的重要貢獻。

王陽明認為，「道」是無所不在的。❽道不屬於任何人，或任
何學派。道寓於人心，又寓於天地萬物。因此，陽明對於佛老的
看法，也異於傳統。

這不是說，陽明否認儒學與佛老學說之間存有矛盾。他曾親
自指出這「毫釐之差」，又說過禪學「棄人倫，遺物理……不可以
為天下國家」的話。❽

陽明早期講學時，有學生王嘉秀即曾以薰心功利的庸儒與佛
老之徒比較，以為前者不及後者。又說：

❽ 《年譜》（二），《王陽明全書》（四），177 頁。

❽ 見本書之「跋」（一）。

❽ 《傳習錄》上，《王陽明全書》（一），17 頁。

❽ 〈象山文集序〉，《王陽明全書》（一），190 頁。

> 仙佛到極處，與儒者略同……終不似聖人之全。……今學
> 者不必先排仙佛，且當篤志為聖人之學。聖人之學明，則
> 仙佛自泯。❽❽

陽明大略然之。另外他在答人問：「釋與儒孰異乎？」時，也曾說
過：「無求其異同於儒釋，求其是於學焉可矣。」問者又追說：「是
與非孰辨乎？」陽明再堅持：「子無求其是非於講說，求諸心而安
焉者是矣！」❽❾

陽明在 1521 年左右開始教「致良知」。在 1523 年，他曾答張
元沖問，二氏與聖學所差：

> 二氏之用，皆我之用，即吾盡性至命中，完養此身謂之仙。
> 即吾盡性至命中，不染世累，謂之佛。但後世儒者不見聖
> 學之全，故與二氏成二見耳。❾⓪

他以廳堂比道或真理，而說：

> 儒者不知皆吾所用。見佛氏，則割左邊一間與之；見老氏，
> 則割右邊一間與之，而己則目處中間……聖人與天地民物
> 同體；儒佛老莊，皆吾之用；是之謂大道。❾❶

平心而論，陽明認為，聖學之敵，並非佛老二氏，而是世之
俗儒或庸儒。他以他們為異端，比於楊朱、墨翟，而以自己為正
學，比於孟軻。因為墨子之失，在於「兼愛」，即是「行仁而過」。

---

❽❽　《傳習錄》上，見上，15 頁。

❽❾　〈贈鄭德夫歸省序〉(1515)，《王陽明全書》（一），185 頁。

❾⓪　《年譜》（一），《王陽明全書》（四），133 頁。

❾❶　同上。陽明又加上一句：「二氏自私其身，是之謂小道。」

楊朱之失，在於「為我」，即是「行義而過」，而世儒之失，在於
求功利，忘仁義。❷

> 聖人之道，坦如大路。而世之儒者，妄開竇逕；蹈荊棘，
> 墮坑塹。究其為說，反出二氏之下。宜乎世之高明之士厭
> 此而趨彼也。此豈二氏之罪哉？❸

他也責難世儒雖然一知半解，卻多著述，使人不知所從：

> 世之儒者，各就一偏之見，而又飾之以比擬倣像之功；文
> 之以章句假借之訓；其為習熟既足以自信，而條目又足以
> 自安。此其所以誑己誑人，終身沒溺而不悟焉耳。❹

陽明認為，世儒之失，在於其喪心於功利：

> 功利之毒，淪浹於人之心髓；而習以成性也，幾千年矣。
> 相矜以知，相軋以勢，相爭以利，相高以技能，相取以聲
> 譽。❺

他對於他們的評價最嚴厲，說他們「謂聖人之學為無所用」；
只是以「知誦之廣，適以長其敖」，「知識之多，適以行其惡」，
「聞見之博，適以肆其辯」，「辭章之富，適以飾其偽」。❻換句話

---

❷ 〈答羅整菴少宰書〉，《傳習錄》中，《王陽明全書》（一），63–64
頁。
❸ 〈朱子晚年定論序〉，《王陽明全書》（一），107 頁。
❹ 〈寄鄒謙之〉（四）(1526)，《王陽明全書》（二），46 頁。
❺ 〈答顧東橋書〉，《傳習錄》中，《王陽明全書》（一），46 頁。
❻ 同上。

說，他們是偽君子：

> 其稱名借號，未嘗不曰吾欲以共成天下之務；而其誠心實
> 意之所在，以為不如是，則無以濟其私而滿其欲也。❼

陽明若是不屑世儒之為人，他們也向他表示敵對，所以錢德
洪說過：

> （他）平生冒天下之非詆推詔，萬死一生，遑遑然不忘講
> 學；惟恐吾人不聞斯道，流於功利機智，以日墮於夷狄禽
> 獸而不覺。❽

無怪陽明在 1504 年，主山東鄉試時，即說過：

> 夫善學之，則雖老氏之說無益於天下，亦可以無害於天下。
> 不善學之，雖吾夫子之道，而亦不能以無弊也。❾

多年後他又說：「禪學與聖人之學，皆求盡其心也；亦相去毫
釐耳。」❿

他的「三教一致論」，在詩中尤多見。所謂「箇箇人心有仲
尼」⓫實有「佛性」意。「良知兩字是參同」⓬則是借道教語以言
良知。再之，他又說：

❼　〈答顧東橋書〉，《傳習錄》中，《王陽明全書》（一），47 頁。

❽　錢德洪序，《傳習錄》中，見上，33 頁。

❾　〈山東鄉試錄策問〉，《王陽明全書》（一），149 頁。

❿　〈重修山陰縣學記〉(1525)，見上，216 頁。

⓫　《王陽明全書》（二），206 頁。

⓬　見上，207 頁。

爾身各各自天真，不用問人更問人。
但致良知成德業，謾從故紙費精神。
乾坤是易原非畫，心性何形得有塵？
莫道先生學禪語，此言端的為君陳。❿❸

---

❿❸　〈示諸生三首〉之一，《王陽明全書》（二），206 頁。「禪語」固指「心性何形得有塵」句之暗射「磨鏡」之喻，並說心性無形無體，是超然的意思。

第八章 「王學」的總結

盈虛消息間，至哉天地機。
聖狂天淵隔，失得分毫釐。❶
毫釐何所辨，惟在公與私。
公私何所辨，天動與人為。❷

一、引　言

　　本書的目的，是舒伸王陽明哲學；重點在於王陽明給程頤、朱熹思想的反應，與所惹起的「道統」糾紛：即是王陽明思想，是否屬於儒家的正統的問題。在這方面，我已提出這問題的複雜性，與「理學」本身與儒家傳統的微妙關係。我也承認，王陽明的「無善無惡」的心體論，確實越出所謂儒家正統的範圍。但是，我還沒有提出數點與此問題有關的意見。比如：既說王陽明的思想，受到佛教（尤其禪宗）的影響，他所創立的體系，究竟是儒還是禪？再者，陽明的切身經驗，可否說是宗教性的？若是與禪

---

❶　出自〈憶昔答喬白巖因寄儲柴墟三首〉之一，《王陽明全書》（二），
　　135 頁。
❷　見上，出自同詩之二，同頁。此數首詩屬「赴謫時」(1507)。

相比的話，在「悟」與「修」方面，「內心」與「外物」方面，與「本體」與「功夫」方面，有何含義？

要給這些問題適當的答覆，筆者將作總括性的探討，並指出王陽明如何繼承陸九淵的遺志，與朱熹建立了不同的思想體系。與朱王異同遺給我們的啟示與指點。

此外，筆者也有意提供一些意見，說出王陽明的思想，為何被他自稱為「簡易」，而被人指為「玄」為「空」？換句話說，他的哲學，有無「複雜性」？在今日的哲學舞臺上，有何貢獻可說？更進一步討論王陽明本人，究竟是哲學家，或是宗教思想家？是「聖」還是「凡」？

話到此處，我們不能，也不須避免承認：陽明的思想體系，不但似有矛盾處，而且實在以數項主要的「矛盾性」範疇，作為其結構因素。我指的，是中國哲學史（尤其理學思想史）上常見常說的，有關「內外」「體用」等似相反而不全相反的範疇。我認為，王陽明的思想偉大處，即是以二化一的「辯證」法所樹立的有機體性的哲學。❸這哲學內的每一概念，都與其他概念相通，但是又不併吞其他概念。我不是說，朱熹的哲學沒有陽明的可取。我只是說，陽明將朱學留下的關於如何成聖的問題，作了澈底的答覆。這答覆並沒有將朱學變成過時，可是這答覆本身有其值得研究、體認，與欣賞的地方。

---

❸ 筆者數提「有機體」字 (organicity)。這尤其是李約瑟論中國哲學思想史時，喜用的字。見其書，Joseph Needham, *Science and Civilization in China* (Cambridge, at the University Press, 1956), vol. 2, pp.412, 502，尤說理學的「有機體」性。

二、陽明思想體系內含的「矛盾」

　　方才提到，「內外」與「體用」等似相反而不全相反的範疇。其實，內與外，可說即是見不到的「隱」與逐漸見到的「顯」，也可說即是「本體」（體）與「功夫」（用）的簡稱。但是我們若要了解陽明哲學的蘊義，也得避免混用這類字語。所以筆者建議，以「體」字代表哲學上的「本體論」（形上學），以「用」代表「實踐論」（道德學），而以「內」與「外」代表生活中觀物性的「靜」與應物性的「動」。至於「悟」與「修」二字，則用以代表成聖者內心精神生活中的現象。這樣說，我們會發現，「內」與「外」，「悟」與「修」的範疇，以陽明思想來說，似是偏重「用」的一面。不過，這也是陽明思想的特徵：歸根究底，他是堅持「體用一源」的。換句話說，他在日常生活的「用」中，窺見「體」；他認為「動」中應有「靜」，「行」中即有「知」，「應物」也就是「觀物」❹，「修」也是「悟」。

　　粗看時，陸九淵（與王陽明）的「心即理」的哲學思想的起點，似是偏重本心的涵養，而導致外物的遺棄。事實上卻並不如此。而朱熹的「居敬窮理」，似是內外皆無，不偏不倚。事實卻不如此簡單。因為朱熹既說「性即理」，他的「窮理」，是針對於「性」而說的。朱熹以人性（與物性）為靜；窮理功夫，實在是「靜」多於「動」的。換句話說，窮理含有「觀物」之義，即是以「動」的心，觀「靜」的物理──包括經書的蘊義，與人性的原善在內。至於「居敬」，也有首先「敬以直內」，然後「義以方

---

❹　「觀物」即英語所謂 Contemplation.

外」❺的意思；也可說是先在心中「戒慎恐懼」，然後在應物處世時維持「執事敬」❻的心態。所以朱熹（與程頤）都比陸、王更重視靜坐，用這「方便」技術，恢復人性的本善。與朱熹相比之下，陸九淵的看法，與處世法，是全然不同的。陸九淵重視自發自決的「心」，這「心統性情」，是「靜」與「動」的主宰。「存心」即是發揮心的「主宰力」，充實心中的天理，避免私欲的騷動；也就是發展精神上的自由。無怪朱熹雖主「治國平天下」，卻在七十年生涯中，除短期任地方官之外，在朝只有四十日；其餘時間，請得「祠祿」收入雖少，卻能大事著述與講學❼。陸九淵一生，官位雖低，卻比朱熹忙碌得多。至於王陽明，一方面發揮陸氏思想的微蘊，另方面在悟得「心即理」後，一生以「心」應物應事以自善其身，終於鞠躬盡瘁，死而乃已。

王陽明原來生有奇才，幼聞祖父誦書，即可默記，長則輕視舉業之功，又不願以「有限精神，為無用之虛文」。屢次有意遺世入山，又因悟得思親而改志。❽他早年的躑躅與遭遇，可見於他的自述：

> 守仁早歲業舉，溺志詞章之習；既內稍知從事正學，而苦於眾說之紛繞疲痛，茫無可入。因求諸老釋，欣然有會於心；以為聖人之學在此矣。❾

❺ 見《周易正義》卷一，16頁甲。

❻ 《論語·子路》第十三（十九）。

❼ 參看王懋竑《朱子年譜》（臺北，商務，1971）。另看李心傳〈晦庵先生非索隱〉，《建炎以來朝野雜記》（叢書集成版）卷下，445頁。參看陳榮捷「朱子固窮」，見其《朱學論集》，205-232頁。

❽ 參看《年譜》（一），《王陽明全書》（四），82頁。

他認為二氏之教，勝於「詞章之溺」與理學之「眾說」。但是又發現其教與儒家有出入，在日用生活上，也不足應付。所以「依違往返，且信且疑」者多年，幾近於放棄「聖人可學」的信念。❿

陽明若求入聖之方，終於悟到「知行合一」之理。經過切身體認，與反身精思，他又悟到「致良知」，達到與萬物一體的心境。陽明的「知」，實不是知識之「知」，而是知「道」的智慧，與超然的人格不可分。可是陽明的「行」，卻是個別性的一舉一動。他發現，人要發明本心，必得在精微處用功夫，通過萬變，才得與萬物（事）「渾然一體」。這就是在自己心中，體認「萬物俱備於我」的深義。換句話說，「與」萬物一體即是「使」萬物一體：通過不離知的德「行」，應付天下萬物（人與事），然後將一切化為自己的人生，不再分裂「身」與「物」，而將兩者化為「一體」。這種不分「內外」的功夫，也可稱為「內聖外王」的實現。

再者，「萬物一體」的「體認」過程中，「悟」與「修」各佔何種成份？要回答這問題，我們可以再次從朱陸異同入手，由之而見陽明的意思。這裏說的「悟」字，固指豁然而來的「頓悟」，是人生不多有的經驗。這裏的「修」字，則指一生的磨鍊。若與「知行」並言，「悟」是總體性的體驗，近乎「大知」之知；「修」是繁多性的修鍊，與「行」不分，即是所謂「漸修」。⓫

❾ 〈朱子晚年定論序〉，《王陽明全書》（一），107 頁。

❿ 同上。

⓫ 參看荒木見悟《佛教と儒教——中國思想を形成するもの》（京都，平樂寺，1963）。

⑴「悟」與「修」

　　「人人皆可成聖」，是理學家公認的，包括程頤與朱熹在內。朱熹為《大學》補傳，述「窮理」意，也以「人心之靈，莫不有知」為其起點，而以「天下之物，莫不有理」為對象。既以一心而窮萬理，他的教訓是：窮理之極，「用心之久」，應該會「一旦豁然貫通」的。如此則同時達到，「眾物之表裏精粗」的義理，與「吾心之全體大用」❷。可見朱熹既是主知識，又是主由「漸修」而到「頓悟」的。

　　陸九淵與王陽明就不同。陸王皆認為成聖之要，都在人心。而且，人性也不是純靜之體，必須待「悟」。性與心實不可分，「人心」也就是「道心」。人要悟道，不能守株待兔，而必須由「心」入手，不任其放縱，四處去窮萬理。陸九淵明知朱熹博學多識，並曾以泰山比朱。可是，陸對朱的批評是：「朱元晦泰山喬嶽，可惜學不見道，枉費精神。」❸「不見道」固是沒有「悟」到「本體」之意。

　　陸九淵為王陽明指出成聖的方向；但是他並沒有精緻發揮自己的含義。陸氏一意「尊德性」，又比朱熹早殤。他的學說，全待王陽明去發揮盡致。王陽明比陸九淵更多次以切身經驗為講學的基礎與證明。王陽明的一生，有過多次的「悟」。可是他所發明的成聖方法，卻不是得悟的方法，而是漸修的方法。原來「頓悟」是無法可求的，只有漸修以待之而已。所以「致良知」所指，也不是以常有的，不變的是非準則，用在人生的萬變上；而是通過

---

❷　《大學章句》，5頁甲。

❸　《象山全集》卷三十四，14頁乙。

每事每變，逐漸立心立誠，以完成自己的人格，這是處世應物的至深一層面，可以使人進入體認「萬物在我心」的超然境界。所謂「致中和，天地位焉，萬物育焉。」

人多以為陽明學說重悟輕修，並引「四句教」之心體無善惡句以證之。事實上並不如此。陽明明知「悟」不在人為，而「聖人」則可學而至；所以他常說「磨鏡」，表示「漸修」不可廢。這是細讀他給錢德洪與王畿的答覆後可以發現的。陽明根本上教人「尊德性」；他指出方向，並教人方法。他不可能逢人就說悟。他尚且訓誡王畿，避免這作法。

為成聖而說，「頓悟」是有用的，但不是必須有的。可是「漸修」則是不能缺少的。「漸修」也不用給人苦楚的印象。漸修的功夫，應該同時包含「敬畏」與「灑落」的意思。因為成聖者找尋的「道」，也是他已原有的。漸修功夫只是令之由隱而顯，就如明鏡自然反照萬物一般。所以陽明也不將「悟」與「修」分開。筆者相信他認為，「悟」不一定要「頓」，也可以通過「漸修」而來：所謂「漸修漸悟」，不是不承認「頓悟」，而是融會「悟」與「修」。

可是，有一項問題，油然而生：說悟容易「證」悟難，人究竟憑什麼說自己得悟，說自己已近聖境？就如《莊子》所暗指：有限的人，如何可以自認得到無限的，不可思議的「知」（智慧）？人的憑據在何？這牽涉「權威」問題。不過，我們可以追問：這權威屬誰？

這項問題，也是陽明畢生思慮所在，並對於他的整個思想體系的發展，都有影響。這項問題，尤其與他提出的成聖方法，有密切的關係。

粗看時，程朱學說，似是維護官方權威的。他們發揮的「理氣」渾然的宇宙，有「太極」為中心，似是支持有階級的社會與集權的政府。程頤、朱熹既多引經據典，述古人言，他們又似是要求嚴謹的教育制度。事實則不如此簡單。因為程朱的解經法，不來自官方，而來自程朱本人。在他們的學說未受政權蔭護與批准之前，他們依賴的權威，也比政權更高，甚至於比經書本身高。因為他們實際上也以自己的心得為權威與憑據，自稱承述的，是早已中斷的「絕學」。這樣說，他們也是傳心學；他們也自以為可任君師，為人君立是非準則。

粗看時，陸九淵（與王陽明）似是整個儒家傳統的叛徒。他們認「心」為「道」，將成聖之學，完全歸納於內心，也就是從經書的梗桎中，解放出來。這是以科舉制度控制人心的政權所不能接受的。

其實，陸王也只是說出程朱對於經書看法的內在邏輯，並推這邏輯，至其極點。他們指出，程朱崇尚的「道心」（聖人之心），本就隱於「人心」之內。這也是禪宗說的「平常心是道」的意思。可是陸王說破，程朱只敢暗示的事。所以陸王被人指謫為「陽儒陰禪」，即是用禪意解釋儒學。王陽明與朱熹一般，被人斥為教「偽學」❹。通過這類學術糾紛，陽明便提出有關學問與真理的憑據的問題。這不只是「修」或「悟」的成份問題，「尊德性」或「道問學」的方向問題，讀經書，或在事上磨鍊的選擇問題。這是真理後面的「權威」問題。這包括各種權威：聖人之言，經書之文，政府之明令。他懷疑的是：權威本身，若會有錯，它又由

---

❹ 《年譜》（二），《王陽明全書》（四），167–168 頁。「平常心是道」意，出自禪書《無門關》，見《大藏經》第 2005 號，295 頁。

何憑據，維護它的說法？人又為何，要繼續尊重這權威，並遵行它所定下的法例？

陽明與湛若水的相互討論，也涉及真理的「憑據」問題。湛氏故重自得，但是不願否認經書的權威。陽明則認為整個人生（包括讀書，但不以讀書為主）即是一本經書，所以，不讀書的愚夫愚婦也可以從生活學習而進入聖學之途。推理至極，他認為真理來自事上的磨鍊，而不依靠知識。不過這真理的憑據，是他的人格本身。這樣說：陽明學說的憑據，是陽明本人。

可是陽明也在人的性格之源的「心」中，發現了超然的「本體」。這本體即是天地萬物的匯源處，又是入聖的動力與成聖的目的。所以陽明以此「心之本體」或「良知本體」為代表聖學的憑據與權威。這是「四句教」的第一句的含義。因此，「心之本體」，是超然的真理憑據，有絕對性的權威。因此，人應信得過心之本體，信得過良知本體。

換句話說，陽明所提出的是非準則與真理憑據，就是他的思想的中心：心，或良知。這心或良知的至深一面，稱作本體，也成為本身的憑據。陽明要人「信得良知」就有這意思。所以，陽明一方面說，連孔子的話，也須「良知」審查，另方面，又以「良知」為良知或人心本身的憑據。他指的，不只是他個人的「心」，而是古今聖人共有的「道心」。「傳心」要人信得；所以陽明傳心，也可稱為「傳信」。❺

王陽明只是完成陸氏未竟之學。他的心學，以一心觀萬物，

---

❺ 劉宗周《陽明傳信錄》，見《劉子全書遺編》(1850 版)，筆者認為，陽明學若重「信」，與明朝的禪宗逐漸與淨土宗混合亦有關係。見本書跋（一）。

以一心成萬物，道破了多數人只會說而不明白的「人心道心」之微意，又發揚了新的「道統」的系列。其實，若是朱熹可以為此，陽明又為何不可？

⑵「體」與「用」⑯

陸九淵與王陽明都以「心」解釋宇宙與人生的意義。陽明比陸氏更進一步，深入心「體」，發現其內的超然性的良知本體。他用「本體」字，分辨易變無常的「人心」，與可應萬變的「良知」。所以他稱「心體」為「無善惡」，即是「超善惡」的意思。述「本體」，即是溯源。心體是善惡之源，但是本身並不屬形而下的道德領域。那是心的第二義。心的第一義，即是無分善惡的「道體」，屬於形而上界。陽明因求成聖方法，而在「功夫」中，找到「本體」，在道德論中，發現「本體論」。不過這「本體」，也超乎「知」與「不知」。陽明達到的境界，也是「聖」與「狂」之際，「天」與「人」之際：他面臨的，是不可知的「良知本體」。

陽明思想體系內部的本體論與道德論，雖有區別而不易分開，所以他常說「體用一源」的話。可是我們仍然可以通過「悟修」之別，與「四句教」之辯，窺見一斑。在「四句教」方面，王畿與錢德洪代表全然不同的立場。王畿重視形上界的「心體」，由它來看「意」、「知」與「物」。所以他另定了「四無說」。他以為心、意、知、物，既是一體，意、知、物，也與心體一般，都是無善惡。

---

⑯　「體」「用」二字與其觀念，出自王弼注之《老子》（四部備要版），
　　再經五世紀之僧肇，以所撰《肇論》融會《莊子》與大乘中論，
　　「體」「用」（包括「心體」），「有」「無」，「感」「應」等概念，即入
　　主哲學思想。

蓋無心之心則藏密，

無意之意則應圓，

無知之知則體寂，

無物之無則用神。❼

他的結論是：「惡固本無，善亦不可得而有也。」

我們只要研究他的文字，立可發現，「密、圓、寂、神」等字，出自《易經・繫辭》，而「無」字則是佛老語。王畿的用意，是更進一步引用「無」字代表的形上思想，來講解心、意、知、物，並說明「悟」的重要性。他的說法，也為陽明首肯：只是陽明同時進了一句警語：

汝中（即王畿）所見，我久欲發；恐人信不及，徒增躐等之病……我人凡心未了，雖已得悟，仍當隨時用漸修工夫。不如此，不足以超凡入聖。❽

陽明主張悟修兼用，所以說：「功夫即本體」。他曾訓誡王畿，不要「懸空想箇本體」❾，他又不反對，錢德洪以格、致、誠、正來講復性功夫（道德論）。錢德洪無意於形上學或本體論。他以事上磨鍊為要，認為陽明的貢獻，是「成聖方法」或功夫的發現

---

❼ 〈天泉證道記〉，《王龍溪全集》卷一，1 頁乙，《周易・繫辭》說：「聖人以此（易之卜筮）洗心，退藏於密。」又說「易無思也，無為也。寂然不動，感而遂通……非天下之至神，其孰能與於此？」見《周易正義》（四部備要本）卷七，16 頁甲，14 頁乙。王畿固以「易」喻心、意、知、物也。

❽ 見上，2 頁乙。

❾ 《年譜》（一），《王陽明全書》（四），148 頁。

與指點。我們若看錢氏的文集,又將之與王畿的《王龍溪全集》相比,便發現陽明兩位高足,對於陽明思想,各有「見仁見智」之意。

陽明為錢德洪與王畿折衝,一方面說出自己的「體用一源」、「知行合一」的看法,承認他的道德論,含有本體論,而他的本體論,不出乎他的實踐法。他並不是為追求本體而學聖;但是,他在學聖途中,若得發揮「體用一源」的奧義,也因為他已窺見所謂「本體」。

陽明若用「性體」、「本體」等字,也不過是學宋儒。程朱等人都用過同樣的,與類似的字,而且也指超然之體,宇宙之源,化育之本。程朱也說「體用一源」,也認為「本體」與「功夫」不易分別;超然的本體即是超然的,活潑的心境。固然,宋儒皆受佛老影響;這是我們在二十世紀不用否認的。但是,後人為何特指陽明為「陽儒陰佛」?

筆者認為,陽明比宋儒更大膽地,吸受佛老影響,而且在講學時,公開說「無善無惡」,是他被斥為禪的主要原因。他若只說「無聲無臭」,指「造化」超乎見聞之知,可能不會受人深責。但是他更進一步,竟說「本體」超乎道德是非的範疇,他的「本體論」已越出儒家的範圍。不過,他仍不能算是佛徒。因為佛家以解脫苦難生死為宗旨。王陽明雖有「救世」熱誠,卻是為改變社會與人心。他沒有佛教的輪迴與涅槃的信仰。他借用佛家(尤其禪宗)的某些觀念,以成立自己的思想系統。同時,他超越了狹隘的門戶觀念,並開放了聖學的廣道。換句話說,他是深受佛學影響的儒家;仍可算是屬於儒家的主流。可是,為了他的本體論,他與正統儒家的關係,相當微妙。他身後的泰州學派的「末流」,

卻未必仍是儒家了。正是「聖狂天淵隔，失得分毫釐」。❷⓪

　　陽明闡明萬物一體的思想時，也顯出他與前代的天人合一觀，及程頤朱熹所提倡的人心道心論，都稍有距離。陽明既接受，又改造了宋儒傳下的「道學」。他的宗旨，是自主自發的心；他認為人心也是天地萬物之心；所以，因了人心，天地萬物「成為」一體。陽明沒有表示過對於上帝的信仰。他用的「天」字，意思也不清楚；可是他對於人心的尊重，與他用的「心之本體」的字句，表示他在人心內，發現了內在的超然體，而這超然體也是整個宇宙的主宰。這不是他單獨的發現，而是許多宋明理學家同有的。他們有時用「無聲無臭」四字代表這超然體。陽明也用過這四個家，比如他評楊簡時說：「楊慈湖不為無見。又著在『無聲無臭』上見了。」❷①

　　「無聲無臭」出自《詩經》，而見於《中庸》最後一章：

　　　《詩》曰：德輶如毛，毛猶有倫。上天之載，無聲無臭。❷② 至矣。

　　朱熹的《中庸章句》，解釋說，「無聲無臭」所形容的，是「聖

---

❷⓪　〈憶昔答喬白巖因寄儲柴墟三首〉之一，《王陽明全書》（二），135頁。

❷①　《傳習錄》下，《王陽明全書》（一），96頁。關於楊簡的事，參看本書第一章。

❷②　《中庸》第三十三章。所引之《詩經》言，前四字出自〈大雅・烝民篇〉「蕩，之什」，即德輶如毛之意。最後八字出自〈大雅・文王篇〉「文王之什」，見《毛詩正義》（四部備要本）十八之三，9頁甲，與十六之一，8頁乙。（孔穎達疏云，「上天所為之事，無聲音無臭味。」）

人之德」的「不顯之至」：

> 蓋聲臭有氣無形，在物最為微妙；而猶曰無之。故唯此可
> 以形容不顯篤恭之妙。㉓

「無聲無臭」，即是既無形，又「無氣」之義，也就是超然
「形氣」者。這可稱為「本體」，也可稱為與本體一源的「功夫」。
這是王陽明用此語時的意思：「無聲無臭獨知時，此是乾坤萬有
基」，㉔「獨知」時，也是體會「本體」時，即是與萬物相通的時
候。而萬物既是一體，則必有其中心；這中心，就是超然於，而
又內在於萬物的「良知本體」。我們認得「良知本體」即是「天」，
即是「道」後，也可以進一步了解，陽明提出的「信得良知」的
意思。

陽明本身一直自認為儒，並且特別關心儒家的「道統」。他建
議，以良知為新道統的傳心訣，並提出，這是陸九淵通過周敦頤
與程顥，而承接於孟子的。他認為，只要致良知，去私欲，人心
的「自得」，即是「道」。一方面，他仍然尊敬儒家的經書。另方
面，他已將成聖的道路，完全向外開放：根據他的看法，夷狄佛
老，只要致良知，都可以成聖。

其實，陽明的「心學」，解決了「道統」說內在的矛盾。因為
顧名思義，「心學」是不可傳的。顧炎武討論《書經‧大禹謨》十
六字時就說：「心不待傳」。㉕因為心之所學，不同乎訓詁之術，
不能師承。「心學之傳」實指每一代的「自得」。為師者，可以啟

㉓　《中庸章句》(《四書集注》本)，24 頁乙。

㉔　《王陽明全書》(二)，207 頁。

㉕　黃汝成釋，《日知錄集釋》(四部備要本) 卷十七 (「心學」條)。

發或感悟求學者，就如孔子所遺之言，啟發了未曾親炙的孟子，而孟子的遺教，過了一千餘年，可以啟發陸九淵與陸後二百年的王陽明。換句話說，「心心相印」之學，令人各自在本心內，日新月新地發現聖人之「道」。用陽明的話說，這就是「信得良知」的體驗。

「道一而已」❷❻即是真理只有一箇的意思。而這真理，即是與萬物一體的「心」。這「心」與這「道」，既不能說是佛老的，也不能說是儒家的。它超乎門戶之別，是非之見。它也超乎善惡之別。「道一也」；它是無所不在，處處都有的。程頤與朱熹，都受到佛老的影響，但是不願承認這影響，陽明改造了程朱的思想；他有取有捨於程朱，他也有取有捨於佛老。他認為這是不須諱言的。

至此為止，我們說的，是良知。現在轉講「致良知」的「方法」。「方法論」實是超出「道統」的範圍的。因為所謂正與邪，或不正，是概念的問題，不易用來鑑別方法。方法來自實踐，陽明親自用過佛老的靜坐與導引法，又承認受過益，但是他沒有完全接受這些方法的前提。他鑑別方法的準則，來自良知。這確是循環性的作用：他的良知，為他指出，「致良知」是成聖的方法。

這方法是否有效？陽明的一生即是證明，據我們所知，他平生融會了「靜」與「動」，「修」與「悟」，講學，從政，與從軍。這不是說，他完全解決了這類矛盾。他屢次有意遁世，但是每次都因責任心所在，而返回崗位。這也是他嚴守「致良知」的證明。據他所說，只要人心無私欲，聖人即在胸次。「滿街聖人」即是人人皆可學聖的意思。陽明只是比宋儒，更澈底解釋這話的奧義，又指出一條大路，一條成聖之路。

---

❷❻　《傳習錄》上，《王陽明全書》（一），17 頁。

長安有路極分明，何事幽人曠不行？

遂使蓁茅成間塞，儘教麋鹿自縱橫。

徒聞絕境勞懸想，指與迷途卻浪驚。

冒險甘投蛇虺窟，顛崖墮塹竟亡生。 **㉗**

(3)「易簡」與「精微」

陽明的哲學，究竟是簡易的，還是玄妙難解的？這也是應該探討的問題。陽明自己說過：「此道至簡至易的，亦至精至微的。」**㉘** 又以良知比《易經》，說它「惟變所適，如何捉摸得？」**㉙**

筆者認為，要明白陽明的思想，如何「簡易而精細」，必須預先澄清「簡易」與「精細」的字義。若是「簡易」的意思，只是「易解」的話，陽明的思想即不簡易。人可讀陽明留下的文字，而不了解其真義。他的哲學，可說是似淺非淺，外表簡易，內裏深奧。他用的，是辯證式的邏輯，以之將相反的概念融通，使人在思惟上時有莫知所從之感。他熟讀儒書，時引四書或五經與宋儒之訓釋，但是以己意重解，或批評經書與程頤與朱熹的思想體系。他的「心一元論」說法，比起程朱的「理氣二元論」，實有其親切感。這是因為他將無數的不同概念，通過「良知」宗旨，化而為一；這是「化繁為簡」的成果。陽明成立的思想體系，是圓融透澈的「一體」，而且是有機體 (organic)；若與人身相比，頭腦，五官，四肢。俱齊。這是以一心明萬理，而化萬理為一心；又從不同角度觀心說心，所以他的思想的動態，是螺旋性的，由

㉗ 〈示諸生三首〉之三，《王陽明全書》（二），207 頁。

㉘ 《傳習錄》下，《王陽明全書》（一），104 頁。

㉙ 見上，105 頁。

裏而外，就如人在靜水中，拐下小石而引起的，同中心的波圈一般，面積愈來愈大。這也是本書的結構所在：隨著王陽明哲學的開展，由淺而深地，從不同角度，解釋他的中心思想的每一層面。

固然，簡易之「易」，亦有多變與無常之義。陽明也承認這點，他說良知「屢遷變動不居」❸就是這意思。不過，他也堅持，良知即道，即天；而「道」「天」皆是唯一的概念。筆者認為，這是因為，良知能應萬變，致良知是活生生的，活活潑潑的哲學，所以有不變的一面，也有多變的一面。有「本原」，也有「枝葉」。

陽明哲學的簡易一面，也是它圓通的一面。劉宗周以「誠意」解釋陽明學；梁啟超則認為「知行合一」是陽明的重點思想。他們其實都說得對。因為陽明思想體系內的「一即一切，一切即一」，圓融透澈，無可分裂。「易」亦含「一」意，而「一」是無可分的整體。「有機體」的，活的思想，不容分裂；分則死，死則體系不再存。

陽明哲學「活」的一面，也是它「精細」的一面。活的哲學，是靠體驗的，沒有體驗，就沒有成長。所以陽明說過，「尊德性」不能只「空空去尊」。❸「良知愈思愈精明」❸，但是，「思慮」不能脫離事理：

> 須要時時用致良知的功夫，方才活活潑潑地，方才與他川水一般。若須臾間斷，便與天地不相似。此是學問極至處。聖人也只如此。❸

❸　《傳習錄》下，《王陽明全書》（一），105 頁。陽明實以《易經》之「易」，來說「良知」的多變性，與不可分性。

❸　見上，102 頁。

❸　見上，92 頁。

「精微」既指用功，可以多說，也可以少說。一方面，「用功到精處，愈著不得言語，說理愈難。若著意在精微上，全體功夫反蔽泥了。」❸❹另方面，因為「此道本無窮盡」，發揮愈多，「精微愈顯」。❸❺這幾句話，表面上似有矛盾，可是，用功者自可體會得到。

「簡易」另有一義：易行。這是陸九淵給自己的心學的自評。王陽明亦然。陸、王認為，他們為成聖而立的「心法」，比之程朱的「居敬窮理」以入聖學的方法，要容易得多。這不是說，陽明對人的要求，比程朱少。事實上則相反。陽明的「致良知」，要人集中精神，為成聖而放棄一切私念。「無私」是易解而難行的，無怪陽明雖說，「滿街是聖人」，他的哲學，不能使聖人變得多。所以他又說：

> 吾與諸公講致知格物，日日是此。講一二十年，俱是如此。諸君聽吾言，實去用功。見吾講一番，自覺長進一番。否則只作一場話說，雖聽之亦何用？ ❸❻

「易行」的確含有「知行合一」的意思。用現代話說：實踐即真理。不過，陽明學的「實踐」，雖然包羅一切的實踐，卻以道德實踐為主；這是我們不能遺忘的。

---

❸❸ 《傳習錄》下，《王陽明全書》（一），86 頁。「與川水一般」指《論語·子罕篇》第九（十六）。參看本書第五章，「敬畏」與「灑落」條。

❸❹ 見上，96 頁。

❸❺ 見上，104 頁。

❸❻ 見上，102 頁。

三、陽明何屬？

筆者認為，「正統」與「異端」等標語，不能用以形容陽明的思想。因為他追求的「道」，或真理，是超乎門戶之見的。筆者也認為，他的哲學思想，既「簡易」又「精微」，因為他的思想的展開，是由淺入深，由粗入細的。他表現的不是直線型的思惟，而是螺旋型的探討。他雖化繁為簡，他的「簡」，是極有深度的，若不聽他話，不致良知，不由體驗處入手，不「體認」他的真處，也不會明白他的思想。

⑴哲學與宗教

不過，話到此處，陽明的思想，究竟屬於「哲學」領域，或是「宗教」？陽明本人，是哲學家，還是「教主」？

筆者的立場相當清楚：陽明的思想體系，有其哲學性。除非有人不承認中國思想亦是哲學的話。陽明的哲學方法，固以「直覺」為多，但是也有推理成份。筆者已說過，陽明如何說出程朱之學未透之理，又如何貫澈透致，完全發揮「人人皆可成聖」之涵義。我們可以說，他的主要發明，實來自直覺，即是禪式的「明心見性」的覺悟，但是他發揮宗旨時，也有推理的地方。❸

再者，陽明學重功夫，要實踐，而其所教的功夫，有關傳統儒家一向說的仁義道德，但是以「立心」，「明心」為要，借佛老之說，發揮《孟子》的含義，佛教既是宗教，何怪陽明學也有宗

---

❸　若是接受陽明的思想前提（心即理）的話，他的其他學說，亦可推理而至。而且陽明反對神仙昇天等事，也表示他重理性。

教色彩？宗教思想有超理智部份，陽明思想亦然；所以它簡易而精細，不懂的人可以斥它為玄。

陽明的講學雖是公開的，他卻時用「秘」字，來說「良知」，舉一例：「此致知二字，真是箇千古聖傳之秘。」❸

秘藏之寶，除非由人發現與開啟，是不可得而知的，陽明自覺如此，所以這裏的「秘」字，代表他的思想，得來全不容易，要人識貨而善用之意。「秘」字再有「深」意，即是所謂「精蘊」的「蘊」字，可以引人入勝，發明潛意。

但是「秘」字又有「無窮盡」的意思，所以他說：

> 只這簡要妙，再體到深處，日見不同，是無窮盡的。❸

陽明雖是「傳秘」，「泄天機」，他既明知良知是人人有的，「泄」之並非失實。只是，若「與不用實勸人說，亦甚輕忽可惜。」❹

不過陽明雖然公開講「良知」，他在說「四句教」時，曾經教誨王畿，不要輕易示人「四無」之說。一方面，他的「保秘」用意，在於避免誤見：恐人聽了「無」，而放棄「有」的「漸修功夫」。再之，可能他也不願意過用禪語，多惹是非糾紛。但是，根本上，他似是認為體認「本體」的人，對於「本體」的「秘蘊」也有責任，不應輕易示人，以珠投豬，這與來自希臘文的「神秘」經驗 (mystical experience) 有關係。"mystical" 即含「秘」意，又含「閉口守秘」之義。陽明常用「明」與「暗」，「光」與「黑」

---

❸　《傳習錄》下，《王陽明全書》（一），78 頁。

❸　同上。

❹　同上。

等字，以描述「靜坐」時的「光景」。他有一次論「禪定」時，也曾說過：「此體豈有方所？譬之此燭，光無不在，不可以燭上為光。」❹一方面，這是懂得「光景」的話。另方面，陽明的學說，不限於靜坐，他的「悟境」，也有得自於「動」的意思。他的「神秘主義」，也是「動」的神秘主義。

筆者提出王陽明思想的宗教性質，與其內含的「神秘性」的體驗，並不是為了說玄，而是為澄清一事：陽明同時是哲學家，又是富有宗教性的體驗的「智者」，自從他幼年有讀書成聖賢之意後，他曾多年，出入於二氏，彷徨無措，這是宗教性的探索。他的得悟，也是宗教性的「覺悟」。他的哲學造就，不是純抽象性的，而與人生深意，有密切關係。

⑵聖與凡

最後的問題，是聖凡問題。陽明是凡？是狂？是聖？

這問題的答案，也與「凡」「狂」「聖」的字義有關係。「狂」字已在第二章發揮過。「凡」字既指「愚夫愚婦」，又指所有尚非聖人者。陽明喜言「滿街聖人」，但是，他實是說出成聖的可能性，與「聖人」在人心與人性內的潛在性。他並不是說，人人「已」成聖人。

他自己有無超凡入聖？若是我們以聖人為超人，無過失可言，

---

❹ 《年譜》（一），《王陽明全書》（四），149頁。在「神秘經驗」方面，西文書很多。參看 W. T. Stace, *Mysticism and Philosophy* (London, Macmillan, 1961). 陽明的特殊處，是他言「悟」時不分動靜，甚至於強調「動」的重要性。

陽明似是凡人：但是才氣「超人」的凡人。他會動氣，所以教人
在這方面用功夫。他有過躊躇無措的經驗，有過遺世入山，或是
離中國，入夷狄的意思。這都是凡人所能體會的。他講《朱子晚
年定論》時，也犯上錯誤；筆者不必避諱。

　　不過，陽明的「超凡」處，是他本身須臾不失的「致良知」
的功夫：是他的知過改過的精神。「譬如行路的人，遭一蹶跌，起
來便走。」❷又是他「不管人非笑，不管人毀謗，不管人榮辱」，❸
致良知不息的精神。我們雖然以他誨人之言，用在他身上；但是
他的學說，既是「知行合一」的結晶品，無怪他句句動人，「以昧
入者以明出，以疑入者以悟出，以憂憤悱憶入者，以融釋脫落
出。」❹

　　再看陽明弟子徐愛所述：

　　　先生明睿天授，然和樂坦易，不事邊幅。人見其少時，豪
　　　邁不羈，又嘗泛濫於詞章，出入於二氏之學；驟聞是說，
　　　皆目以為立異好奇，漫不省究。不知先生居夷三載，處困
　　　養靜精一之功，固已超入聖域，粹然大中至正之歸矣。❺

　　王陽明著述不多，又不願多述。筆者自思，結論到此，也應
守靜。就如陽明時引孔子之「予欲無言」❻句一般。謹在此處，
再錄其一詩之四句：

---

❷　《傳習錄》下，《王陽明全書》（一），84 頁。

❸　同上。

❹　錢德洪〈刻文錄敘說〉，〈舊序〉，11 頁，《王陽明全書》（一）。

❺　《傳習錄》上，卷首，《王陽明全書》（一），1 頁。

❻　《論語・陽貨篇》第十七（十九）。

尼父欲無言,達者窺其本。

此道何古今?斯人去則遠。❹

---

❹ 〈忘言巖次鄒守益韻〉,《王陽明全書》(二),180 頁。

跋（一）　　「王學」的流傳

一、引　言

　　王陽明的哲學思想，在當時與他身後，都有相當影響，後來又由中國，傳去日本與朝鮮。筆者認為，若要認真評價陽明學的長短，我們亦須認識其學說在中國的流傳與所惹起之問題，與它在日本的發揚與政治作用，和在朝鮮的遭遇。這篇「跋」，可說是粗淺的「比較中、日、韓之陽明學」。此後的另一篇「跋」，則是簡述與總結古今中外對於陽明思想的批評，以便讀者在這方面各自決定，陽明學對於人生社會有何「功過」，對於未來又有何意思。

二、簡述「王學」的後繼

　　王陽明思想的重要性，可見於黃宗羲的《明儒學案》。他的六十二卷的書，始末是引述並解釋自己的恩師劉宗周的思想，核心則是講王陽明的〈姚江學案〉（卷十）。因此他以吳與弼、陳獻章等為先導，以王學後繼之浙中、江右、南中、楚中、北方、粵閩、與泰州諸「學案」為殿後；其餘則有近乎王學的〈甘泉學案〉，

〈止修學案〉，獨立乎王學的〈諸儒學案〉，與可說是「陽朱陰王」的〈東林學案〉。

黃宗羲既然本身是陽明學派的後起之秀，他的書就是他的哲學信仰的表達。不過《明儒學案》所列之王學後繼，主要的已有百餘人；我們不能全部介紹，固且短述，王學在陽明身後的發展與遭遇。

根據黃宗羲的著述：「姚江之學，惟江右為得其傳」（卷十六），「江右」猶指江西一帶；其中親炙於陽明門下的有鄒守益(1491–1562)，歐陽德（南野 1496–1554），聶豹（雙江 1487–1563），羅洪先（念菴 1504–1564）等人。❶日本學者岡田武彥，❷認為鄒、歐陽為王門正統的「修證派」，聶、羅則是逐漸折衝於朱、王之間的「歸寂派」。除江右之外，王學另有來自浙江的王畿、王艮（心齋 1483–1540）兩人，號稱「二王」，講學特力，並引起許多是非爭論；被岡田武彥稱為「現成派」。中國大陸學者，則根據其出身與思想，以「二王」為王學左派，其他人士為「右派」。❸

王畿對於陽明的「四句教」的解說，本書已稍作介紹。他從陽明講的「心體」或「良知本體」，推及意、知、物；認為皆是「無善惡」。他比陽明更重「悟性」與「信得」；後來講學時，常教人「信得良知」，因而進一步將王學領入佛境。王畿亦曾說出，

❶ 《明儒學案》（四部備要本）。

❷ 《王陽明と明末の儒學》（東京，明德出版社，1970）第三章。參看麥仲貴《王門諸子致良知學之發展》（香港，中文大學，1973）。

❸ 嵇文甫《左派王學》（重慶，商務，1944）首創其說，侯外盧等繼之。

同門講良知說，各有何異：

> 有謂良知非覺照，須本於歸寂而始得，如鏡之照物……有
> 謂良知無見成，由於修證而始全，如金之在鑛，非火符鍊
> 則金不可得……有謂良知是從已發立教，非未發無知之本
> 旨；有謂良知本來無欲……不待復加銷欲之功……此皆論
> 學同異之見。❹

這是岡田先生所分王門派別之出典。王畿自己則說：

> 若謂良知由修而復全，撓其體也。良知原是未發之中，無
> 知而無不知。若良知之前復求未發，即為沉空之見矣。古
> 人立教原為有欲，設銷欲正所以復還無欲之體，非有所加
> 也。❺

王畿立「良知現成說」，即是主悟，主「信得良知」，並稱此
為「無功夫中之真功夫」❻，「無修證中之真修證」❼他引陽明太
陽之譬，而以「信」為「去欲」之方：

> 若信得良知及時，時時從良知上照察；有如太陽一出，魑
> 魅魍魎，自無所遁其形；尚何諸欲之為患乎？❽

這是以禪宗之「悟」，與淨土宗之「信」，相互綜合的意思。王畿

---

❹　〈撫州擬峴臺會語〉，《王龍溪全集》卷一，32–33 頁甲。

❺　見上，33 頁甲。

❻　〈與存齋徐子問答〉，《王龍溪全集》卷六，22 頁乙。

❼　〈答吳悟齋〉，《王龍溪全集》卷十，16 頁乙—17 頁甲。

❽　〈金波晤言〉，《王龍溪全集》卷三，12 頁乙。

又將良知，與邵雍所謂「天根月窟」❾也認同。除援佛入儒以外，還不忘道教。

王艮固無王畿之「玄」。他是鹽商出身，無甚書香風氣，主張「即事是學，即事是道」❿的極端實踐論。他又到處宣教。入《明儒學案》的有其門人樵夫朱恕，再傳弟子陶匠韓貞等⓫。陽明學說因而深入民間，風行天下。

可是陽明學說，因了「二王」與泰州派弟子，也招來不少麻煩。其中猶以顏鈞（山農）、何心隱（即梁汝元 1517–1579）與李贄（卓吾）為甚。黃宗羲說他們：

> 諸公掀翻天地，前不見有古人，後不見有來者。釋氏一棒一喝，當機橫行；放下拄杖，便如愚人一般。諸公赤身擔當，無有放下時節，故其害如是。⓬

這是說他們比禪宗厲害得多，因為顏何二氏皆似江湖遊俠，胸懷廣，行事大膽，容易得罪人。李贄則更進一步，發揮個人主義，並說「穿衣吃飯，即是人倫物理」。⓭自述：

> 余自幼倔強難化，不信學，不信道，不信仙釋。故見道人則惡，見僧則惡，見道學先生則尤惡。……友人……告我龍谿王先生語，示我陽明王先生書，乃知得道真人不死，實與真佛真仙同；雖倔強，不得不信之矣。⓮

---

❾ 〈天根月窟說〉，《王龍溪全集》卷八，14–15 頁。

❿ 〈泰州學案·語錄〉，《明儒學案》卷三十二，9 頁乙。

⓫ 〈泰州學案〉，《明儒學案》卷三十二，12 頁甲。

⓬ 見上，1 頁甲。

⓭ 〈答鄧石陽〉，《焚書》（北京，中華，1974）卷一，10 頁乙。

李贄贊成三教平等，男女平等。他晚年削髮稱僧，因有傷風化之
誣告而入獄死。他的極端「脫俗」，是中國思想史上少有的。

鄒守益與歐陽德則同是陽明學江右派，陽明一生，在江右時
多（共有六年），故江右有王學真傳之譽。其中以鄒氏近乎錢德
洪，主張以「四有」解「四句教」；以「無欲」為修身之的；又以
克己修敬，為修身方法。這是針對「二王」因專求本體之悟而輕
視功夫的反應。**⑮**歐陽德亦然，主張「漸修」以「頓悟」。他責斥
「現成說」造成之流弊：

> 近時學者，往往言良知本體流行，無所用力；遂至認氣習
> 為本性，不肯說致知功夫，故生弊端，鄙意則謂，今之認
> 氣習為本性者，正由不知良知之本體。**⑯**

聶豹與羅洪先，比之鄒與歐陽，更主寂靜，他們通過陽明中
年時教人的靜坐，以探討良知本體。聶氏說：

> 夫禪之異於儒者，以感應為塵煩；一切斷除，而寂滅之。
> 今乃歸寂，以通天下之感；致虛，以立天下之有；主靜，
> 以該天下之動；又何嫌於禪哉？**⑰**

可是江右王學之流傳，不及當時之「現成派」。而「二王」與
其後從，在講學與行事上，又多惹是非，終於引起反感；批判王
學本身者，亦日益增多。比如十六世紀有馮訶（貞白）著《求是

---

⑭　〈陽明先生年譜後語〉，《陽明先生道學鈔》（1609 版）。

⑮　《明儒學案》卷十六，3–4 頁。

⑯　見上，卷十七，4 頁。

⑰　見上，11 頁。

210 · 王陽明

篇》以批《傳習錄》，⓲ 陳建（清瀾 1497–1567）撰《學蔀通辨》，⓳ 認「王學」為異端。兩人開啟後人（尤其清初）罵王之風。

馮、陳俱重朱學。明末之東林學，大致亦是尊朱貶王，不過在批王方面，顧憲成（涇陽 1550–1612）比較陳建婉曲。

> 陽明先生之揭良知，本欲人掃除見解，務求自得。而習其說者，類喜為新奇，向見解中作功課。夫豈惟孤負良知，實乃孤負陽明也。所謂一法設，一弊生。蓋立教之難如此。⓴

顧氏特別指責「無善無惡」語：

> 「無聲無臭」，吾儒之所謂空也。「無善無惡」，二氏之所謂空也。名似而實遠矣。是故諱言空者以似廢真；混言空者以似亂真。予皆不敢知也。㉑

高攀龍之學，始自程朱，而推及薛瑄的嚴密實踐。他認為王學誤世：

> 姚江之弊，始也掃聞見以明心耳。究而任心而廢學。於是乎詩書禮樂輕，而士鮮實悟。始也掃善惡以空念耳，究且任空而廢行。於是乎名節忠義輕，而士鮮實修。㉒

⓲ 《求是篇》，見張伯行編集之《正誼堂全書》本。
⓳ 《學蔀通辨》有顧憲成所作之序。
⓴ 《小心齋劄記》，《顧端文公遺書》（1877 版，臺北，廣文，1975）卷四，3 頁甲。
㉑ 見上，4 頁甲。
㉒ 〈東林學案·崇文會語序〉，見《明儒學案》卷五十八，30 頁甲。

　　但是顧氏說「無聲無臭」，高氏則熱求「本體」，終於得悟，兩人於王學俱有所得；再由王學而至朱學，並加以修正。這是東林學被人稱為「新朱子學」的原因。

　　至於身為黃宗羲師的劉宗周，學路稍不同。劉氏初則批王，再則循王以調和王與朱；可謂陽明學之修正派。這也可見於其涵養用敬（朱），主靜為慎獨（湛若水）之功。可是慎獨也是誠意，即陽明「致良知」宗旨。❷❸

　　說到黃宗羲本身，確是明末清初陽明學者中最有影響力者。黃氏生於亂世，力圖勤王而事不成。明亡後終身不仕以全節；以講學與著述為事。他主張誠意慎獨，不滿於泰州末流之空談與入禪。除力主心學之外，又研訓詁，從史學。其《明夷待訪錄》又大膽批判數千年之專制政體，以求民本政治。王陽明固以身兼文武全才，政、教俱出群，講學猶得人心。黃宗羲與陽明同鄉，在不同時代，亦表現少得之全才；哲學方面，則以黃傳王，以黃修王。王學的後繼中，黃宗羲可算是傑出的。❷❹

---

❷❸　岡田武彥，見上。第九章。

❷❹　參看拙作，Julia Ching, ed, *The Records of Ming Scholars* (Honolulu, University of Hawaii Press, 1987), Introduction（《明儒學案選譯》序）.

三、簡述日本的陽明學㉕

據日儒說，陽明學入日本，是由日僧桂悟了菴介紹的。桂悟了菴 (1425–1514) 以八十七高齡來中國，曾親見王陽明。臨別時陽明作序相贈 (1513)：

> 今有日本正使堆雲桂悟，字了菴者，年逾上壽。不倦為學……予嘗遇焉，見其法容潔修，律行堅鞏……非清然乎！……論教異同，以並吾聖人，遂性閑情安，不嘩以肆，非淨然乎！㉖

其實桂悟以禪僧來華，兼傳朱學與王學於日本，不能說是王學「直系」，但是也現出日本理學的特點——日本的朱學派與王學派學者，時是禪僧出身，比中國諸儒更受佛教影響。

日本的第一位陽明學者，實是由朱學轉入王學的中江藤樹（名：源 1608–1648），先閱《王龍溪語錄》，再讀《王陽明全書》。原是武士，卻背例辭職歸鄉，收生講學，孝養寡母，世尊為「日本之陽明先生」，與「近江聖人」。著有《翁問答》，《孝經啟

㉕ 參看，張君勱《比較中日陽明學》(臺北，中華文化，1956)，朱謙之《日本的古學及陽明學》(上海，人民出版社，1962) 兩書。日文書極多，筆者尤其參閱井上哲次郎《日本陽明學派の哲學》(東京，富山房，1903)；再有：宇野哲人等監修之《陽明學大系》內共三冊的《日本の陽明學》(卷八至十) (東京，明德，1971)。同時亦參看日本陽明學家本身的著述。

㉖ 王陽明〈送日本正使了菴和尚歸國序〉，見朱謙之，220–221 頁。因日人習慣，本文不用「名」，而用「號」。

蒙》，《大學解》，《中庸解》等書。

中江藤樹在道德方面，特倡孝說，與日本一般武士之主「忠」不同。在宗教方面，他因受神道教影響，竟恢復古代儒家早已首肯之信神與祭神禮式，尊拜「太乙尊神」：

> 太乙尊神者，《書》所謂皇上帝也。夫皇上帝者大乙之神靈，天地萬方之君親……無一事不知，無一事不能。其體充太虛而無聲無臭，其妙用流行太虛而至神至靈，其本無名號，聖人強字之，號大上天尊大乙神；而使人知其生養之本，而敬事之。❷⓻

中江藤樹即立靈像，每朝在神前誦《孝經》等書。並自辯說：「宋儒於鬼神之事，體認不熟，但欲矯時俗之蔽，而徒以口取辨。而明儒悟其非而辨其失，大有神於後學，故愚不從宋儒而從明儒。」❷⓼

又取陽明言：「心之良知，斯之謂聖，當下自在，聖凡一性。」❷⓽

中江氏有兩大弟子：其一為事功派之熊澤蕃山（名：伯繼1619–1691），仕於岡山蕃主池田光政府下。熊澤氏對於朱王，都有所批評，又積極反佛，反西方傳入之基督教。與中江氏相比之下，熊澤氏更進一步，倡說「神儒合一」。著述《集義和書》，《集義外書》。另一為内修派之淵岡山 (1617–1686)。終生教學不仕。

---

❷⓻　中江藤樹〈太乙神經序〉，《藤樹先生全集》（東京，岩波，1940）卷一，137–138 頁。

❷⓼　《藤樹先生全集》卷三，30 頁。

❷⓽　見上，卷一，22–23 頁。

並教誠意致知，以「道統」自命。這派信中江之誠，有如宗教。

日本陽明學派，亦有專以學術聞世者，如三輪執齋（名：希賢 1669–1744）與中根東里（名：若思 1694–1765）。三輪氏私淑中江氏，曾翻刻《傳習錄》，並加標註，又折衷朱、王之間。中根氏先修朱學，晚歸王學，造詣頗深。

陽明學在日本展開，並受到改造，其宗教性大發特發。後起之興，又倡「復古」「維新」，對於明治天皇 (1868) 之親政與西化，都有其貢獻。日儒多出身武士，特別尊崇王陽明之事功。而且，陽明學在日本，與當地之程朱學，也無所爭論。這都是日本的性理學與中國不同之處。❸⓿

日本的陽明學，自中江氏以來，特受王畿影響，多說「信得良知」。再以武士道有忠君愛國理想，時求政治改革比如大阪之大鹽中齋（名：平八郎 1793–1837），身為學者，賣書救饑，又因當權者不肯出糧，竟釀成起義。大鹽氏起義檄文，有「中興神武天皇之政道」，與復元「堯舜，天照大神之世」字句。❸① 起義事雖失敗，大鹽氏也以身殉難，日本陽明學者超生死之救國救民心態，卻令人感動；並留下所謂「英雄觀」，這也是日本的特色。

大鹽氏著述，尚有《洗心洞箚記》，《儒門空虛聚語》等。曾有人問，陽明「論學則只明道而已，未嘗自言事功，而又不許人稱之。然看子箚記……雜舉王學諸子之功業節義，何也?」大鹽氏的回答，略述《春秋》大義，而終於承認：「是余不得已之苦心

❸⓿　岡田武彥《江戶期の儒學》（東京，木耳社，1982），述日本陽明學派以之學術聞世者多人；包括明治、大正以後者。

❸①　「檄文」。見《大鹽中齋》，「日本教育思想大系」第十一（東京，日本圖書センター，1979），509–510 頁。

也。吾子亮之!」❷他稱揚陽明學時，卻曾說過：「致良知三字，
其殺人之寸鐵矣乎!」❸

　　事功派另有仕於江都幕府之佐藤一齋（名：坦 1772-1859）。
幼好騎射，酷似「浪人」，長從「王學」，使幾乎成「官學」。❹但
是佐藤兼取朱王，所以門人有長朱學，有長「王學」者。

　　又因日人在江都末期，目擊幕府無法應付美艦，故有恢復皇
權，以對付外來的威脅之意，即所謂「尊王攘夷」之說。比如佐
久間象山（名：啟 1811-1864），是佐藤氏門人，性豪邁。因美國
海艦威脅日本國門，遂授西洋炮術。其門人為吉田松蔭（名：虎
之助 1830-1859），在鎖國政策之下，謀偷渡出國，以治洋學而救
國。事敗身殉，佐久間亦下獄，佐久間另一門人，是日本「海軍
之父」勝海舟 (1823-1899)。佐久間本人的名言是他的救國方案：
「東洋道德，西洋藝術」。❺這與清末中國盛行的「中學為體，西
學為用」的說法，實在相同。❻

　　日本的陽明學派內，在幕末時的愛國志士，留下可歌可泣的
英勇事蹟。可是天皇親政後，彼輩轉為好戰派。比如西鄉隆盛
(1827-1877)，力主征韓，引起殺身之禍；再有曾為吉田松蔭學生

---

❷　《洗心洞箚記》，《大鹽中齋》，見上，5-6頁。

❸　見上，80頁。

❹　為幕府獻策者，另有山田方谷 (1805-1877) 與後來反幕的春田潛菴
(1811-1878)，他們的至友池田草菴 (1813-1878)，以教學為生，至老
不仕。

❺　《省諐錄》，《象山全集》（東京，1913）卷二，6頁。佐久間有時被
人入於朱學派。井上哲次郎稱他為陽明派。見《陽明學の哲學》。

❻　張之洞 (1837-1909)〈勸學篇〉，《張文襄公全集》(1928年版，臺北，
文海，1963) 卷二〇三，9頁乙。

的明治名相伊藤博文 (1841–1909) 在滅韓後終為韓國志士刺死。日本的陽明學，至此已不再是「革命派」了。

不過，日本陽明學的「內省」與「事功」兩派，表面上各得陽明之一長；實際上王陽明既以「尊德性」為「致良知」的前提，就不可能同意侵略性的政策。日本近代的好大喜功事蹟，實不是陽明學的真正表現。日本陽明學者，也有贊成侵華的好戰派。二次大戰後，日本軍防大減，聞名文學界的三島由紀夫 (1925–1970) 倡武裝日本說，並在割腹自殺前不久，曾撰文論學，借陽明的名義而發揮軍國思想。❸陽明學的易受誤解與利用，可見一斑。

日本陽明學派人才濟濟，但是其中真正以「致良知」而最得人愛戴的，仍是德高望重的中江藤樹。連「近江聖人」之名，他也當之無愧。杉浦重剛讚他的話，已成名言：

> 近江聖人歟？日本聖人歟？東洋聖人歟？抑亦宇內聖人歟？聖人之所以為聖，古今東西，蓋一其揆。既為近江聖人，所以為宇內聖人。 ❸

四、簡述朝鮮的陽明學

李朝朝鮮的學術史 (1393–1910)，❸ 表面上似乎全是朱學的天

---

❸ 參看〈革命哲學としての陽明學〉，《諸君》(1970 年 9 月)，22–45 頁。

❸ 杉浦重剛之〈祭文〉。見《藤樹先生全集》卷五，401–402 頁。參看拙作，Julia Ching, "The Idea of God in Nakae Tōju," *Japanese Journal of Religious Studies* 11 (1984), 293–312.

下，又專以「四端」與「七情」為哲學上議論之主題。事實卻比較複雜，尤其在韓國之外，少人研究。

一般說，李朝的儒家，實以程朱派的理學家為極大多數。他們自從十五世紀中葉傳到《四書大全》，《五經大全》與《性理大全》之後，一向忙於攻讀宋儒傳註。王學雖有傳入，但受到嚴重抵抗，《陽明文集》亦算禁書，這是王學在韓國至今少人知道之原因。

可是李朝的儒家主流，在哲學討論方面，並非全無異見。徐敬德（花潭 1489–1546）即主張載之「氣」說，而不完全接受理氣二元論。明儒羅欽順思想之傳韓，亦增強主「氣」思想，並由此轉入日本，發揮相當可觀的作用。徐氏弟子南彥經（時甫），可算是朝鮮王學的前驅。

李朝最享盛譽的李滉（退溪 1501–1570），確是朱熹之忠實信徒。他在世時，恰是王學入韓時，即撰《王陽明傳習錄辨》，痛加斥責：

> 滉謹按：陳白沙、王陽明之學，皆出於象山，而以本心為宗；蓋皆禪學也。……如陽明者，學術頗忎；其心強狠自用，其辯張皇震耀，使人眩惑，而喪其所守。賊仁義，亂

⓷⓽ 筆者在這方面參考的專題書，包括李丙燾之中文著作，《資料韓國儒學史草稿》（漢城，國立漢城大學抽印版，1959）。筆者曾在漢城（1980）會議時，與李丙燾有過一面之交。筆者另參考數篇論文：李能和〈朝鮮儒學及陽明學派〉見《青丘學叢》25 (1936)，105–142 頁；阿部吉雄〈朝鮮の陽明學〉《陽明學入門》（宇野哲人等監修之《陽明學大系》第一卷）（東京，明德出版社，1971），407–425 頁，與高橋亨〈朝鮮の陽明學派〉《朝鮮學報》4 (1953)，131–156 頁。

天下；未必非此人也。 ❹

由此可見，李滉已見過（且讀過）《傳習錄》。根據李氏高弟，柳成龍（西厓）所記，王陽明過世後約三十年，王學在中國盛行時，朝鮮使臣由北京攜回的《陽明文集》，似是朝鮮最早見的陽明著述。不過此書的流傳，全靠私人抄寫，並無公開刊行。可是攻擊王學，不遺餘力的陳建的《學蔀通辨》，卻在朝鮮 (1571) 付梓印行。這尤其是李滉與其門人的影響；陽明學因此終李朝之世，不得官方接受。 ❹

1584 年，明廷入王陽明於孔廟受祠，王學得到「正學」身份。日本入侵朝鮮李朝時，明廷遣兵相助；兵部侍郎宋應昌，身為王學派學者，隨軍入韓，屢次主辦論學會議，並邀請李朝學者參加朱王異同之辯 (1593)；來者皆無所動。其後，明欽差萬世德建議李朝遵從明例，入陸王於孔廟 (1599)，也因學者不從而受阻。 ❹

不過，李朝宗室李瑤，私淑王學，早在 1594 年，即與宣祖在朝討論王學之長；可見王學並非無人知悉。而且，王陽明的事功，在朝鮮抵抗日本入侵時，真使宣祖動心。另有學者張維（谿谷 1647–1698）也為庇護王學而說：

中國學術多岐。有正學焉，有禪學焉，有丹學焉，有學程朱者，有學陸王者，門徑不一。而我國則無論有識無識，

❹ 〈白沙詩教傳習錄抄傳因書其後〉，《增補退溪全書》（漢城，1978）卷四十一，29 頁乙—30 頁甲。

❹ 阿部吉雄，見上，409–412 頁。

❹ 李能和，見上，112–113 頁。

挾篋讀書者，皆稱頌程朱。未聞有他學焉。豈我國土果皆
賢於中國耶？曰：非然也。中國有學者，我國無學者；蓋
中國人材志趣，頗不碌碌；特有志之士，以實心向學，故
隨其所好而學不同，往往各有實得。我國則不然！齷齪拘
束，都無志氣；但聞程朱之學，世所貴重；口道而貌尊之
於此，可以見吾東學界之拘束，而儒學之不進也。**❹❸**

張氏之友崔鳴吉（遲川 1586-1647）亦是王學同情者。但是王學
在李朝最知名之信徒，卻是鄭齊斗（霞谷 1649-1736）。

　鄭氏生於京都（漢城），是李朝忠臣烈士，朝鮮理學之祖的鄭
夢周（圃隱 1320-1392）十一世後裔。鄭齊斗少孤，奉母不仕，
以求成聖之學；又因功夫過力而得病幾死，當時只三十四歲。事
後健康轉佳，又受薦入仕，官至左贊成。壽至八十八歲。鄭齊斗
雖被稱為「異端」，亦不以為意，專事講究陽明學說。又因在朝
時，得英祖禮遇，終免於黨禍。**❹❹**

　鄭齊斗原學朱熹，但私淑陽明。其《霞谷集》秘藏於家，至
1972 年始公開刊行。書中曾藏有鄭氏親寫之書籤：「陽明說，當
刪去」，可見當時陽明學信徒處境之險。終李朝五百十餘年，朱學
為「正學」，而王學為少數人之「家學」。

　《霞谷集》除奏疏、獻議等公文之外，亦有論學書，廷上筵
說，序記雜著，家法遺教，與《中庸》《大學》《論語》《孟子》之
論說（第一輯），與《存言》《心經集義》《經學集錄》等著述（第

---

❹❸　《張谿谷謾筆》。參看張在軾《朝鮮儒教淵源》（漢城，匯東書館，
1922 版）之引述，見 84 頁。

❹❹　參看門人沈鋪撰之《行狀》，《霞谷集》（二）（漢城，民族文化促進
社，1972），129-136 頁。《年譜》，118-128 頁。

二輯）。其中載門人言：

> 世之學者為人，而先生之學為己；世之學者務於外，而先
> 生之學專於內。㊺

鄭齊斗論學書中，多為陽明辨正；論「良知」字義時說：

> 「致良知」之「良」字，不過釋「知」字之為良知，以別
> 於「致知識」之「知」字而已。不然「致知」二字盡之矣。
> 何必別加一字，以為添足之譏乎？今不察其不得已表出之
> 意，乃曰孔門無此三字句；然則即物窮理之語，未知見於
> 何經？孔孟之書既無見也。㊻

鄭齊斗著述不多，其詩猶少見。有此言：

> 不外吾心性，天人自一元。
> 如何求物理，轉使忘其源？㊼

鄭齊斗在世時，朝鮮儒學因黨爭而分裂，其所屬之「西人」
尤失權；但是鄭氏門人，多出此類。有李朝宗室篤信王學者，於
十九世紀移居離漢城不遠之光華島，即世世代代在家傳述王學。
鄭齊斗子孫亦移居此島，至今謹守祖說，為「王學」忠徒；其信
奉之誠，猶如宗教。㊽

㊺ 見〈門人語錄〉，《霞谷集》（二），147頁。
㊻ 〈答崔汝和書〉，《霞谷集》（一），29-30頁。
㊼ 〈詩〉，《霞谷集》（一），69頁。
㊽ 李能和，見上，139頁。「西人」指居於漢城西部者；「南人」則居於
漢城之「南」。退溪派多為「東人」與「北人」。

　　除此以外，在野時多之「南人」，亦多信王學者。其中有權哲身 (1738–1801) 者，後信基督舊教。著述極少傳世。

　　二十世紀以來，鄭齊斗之後裔，鄭寅普（1892 年生），曾著書論述朝鮮儒學史內，王陽明思想之潛在影響，並稱朝鮮理學多「陽朱陰王」之學者。鄭寅普於 1950 年戰亂時失蹤。❹

　　《霞谷集》聞世，是韓國王學之盛事。其前只有手抄本。如今則有漢文、韓譯本。王學在韓國，過去雖艱難，前途尚未可量。筆者在這方面，得自韓國前任成均館大學教授柳承國先生之教不少，謹此誌謝。❺

---

❹　鄭寅普《詹園國學散薰》（漢城，文教社，1955），274–293 頁。（韓文書）

❺　筆者亦曾得美國哥倫比亞大學，Gari Ledyard 教授與東京大學前任教授，今已謝世之阿部吉雄先生之指點。

跋（二）　「王學」的總評價

一、引　言

　　自從王陽明的學說在明代中葉興起之後，學術界的反應，多出自「正統」或「異端」說。這是在他生時，直到十九世紀初年的現象。王陽明在學界引起的糾紛，又尤其來自他的格物說，特別是「無善無惡」說。排斥陽明學說者，猶以「陽儒陰禪」目之。

　　十九世紀後期以來，因西學東漸，本國之「異端」學說紛爭逐漸減少。康有為、梁啟超等士，又受陽明學影響，與日本之陽明學者一般，講求政治改革，人多稱程朱學為「理學」，陸王學為「心學」；態度似較客觀。在二十世紀以來，一方面因為蔣介石曾經稱揚過王陽明，尤其在江西征討共黨時，利用王陽明在當地遺下的戰功歷史，頒發徽章以獎勵軍心，使王陽明在共黨治下的大陸，成為問題人物。再者，王陽明的哲學思想，與馬克斯思想，固有不同。大陸學術界，一般皆目程朱理學為「客觀唯心論」，陸王則為「主觀唯心論」。

　　以下我們謹錄，十六世紀以來，學術界對於王學的不同評價。我們既然已在討論「王學後繼」時，述出肯定性的評價與王學門

下的分派，現在就可特別提出王學引起的糾紛，與否定性多於肯
定性的評語。

二、「王學亡明」的說法

十七世紀中葉，明亡清興；中國學術界也經過一場大變。欽
慕陽明的學者，如劉宗周以不食殉國，黃宗羲參加反清的游擊戰
鬥，志未竟而終身不仕清，可是明末清初的學者中，也有以國家
之滅亡，歸罪於「王學」末流的。其中包括知名的顧炎武與王夫
之（船山 1619-1692），與渡海去日本的朱之瑜（舜水 1600-
1682）。王夫之從程朱，貶陸王，說其為禪：

> 姚江王氏始出焉，則以其所得於佛老者，殆攀是篇（《中
> 庸》）以為證據。其為妄也既莫之窮詰，而其失之皎然易見
> 者，則但取經中片句隻字與彼相似者，以為文過之媒。至
> 於全書之義，詳略相因，巨細盡舉，一以貫之……迨其徒
> 二王、錢、羅之流，恬不知恥，而竊佛老之土苴以相附會，
> 則害愈烈，而人心之壞，世道之否，莫不由之矣。❶

王夫之又責「王學」之末，喪盡廉恥，忘及君父：

> 王氏之學，一傳而為王畿，再傳而為李贄。無忌憚之教立，
> 而廉恥喪，盜賊興。……故君父可以不恤，名義可以不顧，
> 陸子靜出而宋亡，其流禍一也。❷

---

❶ 《禮記章句》(1865) 卷三十一，1-2 頁。
❷ 《張子正蒙注》（臺北，世界，1962），卷九。

最後一句，暗指「王學」斷送明代天下之意；若不明說，也是為避清政府之諱。他又說過：

> 姚江王氏陽儒陰釋誣聖之邪說，其究也，刑戮之民，閹賊之黨皆爭附焉。而以充其「無善無惡圓融事理」之狂妄。❸

顧炎武更憤激，斥責陽明破壞學風：

> 以一人而易天下，其流風至於百有餘年之久者，古有之矣。王夷甫（衍）之清談；王介甫（安石）之新說。其在於今，則王伯安（守仁）之良知是也。孟子曰：「天下之生久矣；一治一亂。」撥亂世，反諸正；豈不在後賢乎？❹

他的語意比王夫之更顯明。至於遠走日本的朱之瑜更直率說：

> 明朝以時文取士，此物既為塵羹土飯，而講道者又迂腐不近人情。……講正心誠意，大資非笑；於是分門標榜，遂成水火；而國家被其禍。❺

陽明學由「異端」而得亡國的罪名，實是可怕！

三、朱、王俱禪的說法

高攀龍從看書而受陽明影響，又好靜重悟。他說陽明為禪，

---

❸　《張子正蒙注》，序論，2頁。

❹　《日知錄集釋》卷十八，28頁甲。

❺　〈答林春信問〉，《舜水遺書》（臺北，進學，1969）卷十五，2頁甲。

其實也有矛盾處。但是陽明親門弟子黃綰（明道 1480–1554）的
思想演變，與對王的態度，似較客觀，而少人知道。原來黃綰早
與王陽明、湛若水同遊，1522 年正式於王門執贄稱生。陽明身
後，因桂蕚之忌，受削爵處分；全家處境困難，賴黃綰保護，其
女與陽明幼子正億成婚。但是在晚年時，黃氏表示懷疑師說，並
且貶斥王畿、王艮等徒與其後從。他的議論，都可見於《明道
編》：

> 予昔年與海內一二君子講習，有以致知為至極其良知，格
> 物為格其非心者……以身心意知物合為一物，而通為良知
> 條理；格致誠正修合為一事，而通為致良知功夫。……又
> 今看《六祖壇經》，會其本來無物，不思善，不思惡，見本
> 來面目，為直超上乘，以為合於良知之至極。又以《悟真
> 篇》後序為得聖人之旨。予始未之信，既而信之，又久而
> 驗之；方知空虛之弊，誤人非細；信乎差之毫釐，謬以千
> 里，可不慎哉？❻

黃綰不但以陽明為禪，而且也以宋儒為禪。這是他超過羅欽
順、顧憲成、高攀龍之處。他的話是：

> 宋儒之學，其入門皆由於禪。濂溪（周敦頤），明道（程
> 顥），橫渠（張載），象山（陸九淵）則於由上乘；伊川（程
> 頤），晦菴（朱熹），則由於下乘。❼

王陽明敢言朱熹之短，因而受人責其為禪。黃綰晚年雖未指

---

❻ 《明道編》（北京，中華，1959）卷一，11 頁。

❼ 見上，13 頁。

名，卻直說陽明學說之短；又敢言宋儒（與陽明）都入於禪的話。在當時說，是很大膽的。不過，當時與事後，其他的反王學者，大多仍以太過簡化的「陽儒陰釋」言論，斥責王陽明背棄程朱學說。直到清代，考據學興起，才再有人同時指出程朱與陸王學派，俱受禪學影響。不過，清朝的經學復興，也可說是學術界疲於「性理」鑽研的反動，因而有「經學即理學」❽的口號。這種歷史性的循環作用，若照「朱王俱禪」的說法來看，似是朱與王的學說，對於人心厭拒理學，返向訓詁，都有責任。不過另一方面，訓詁比講學容易控制，滿清政府也知道的。學術潮流由主觀的推想變成客觀的考察，中間的因素相當複雜。梁啟超說：「凡當主權者喜歡干涉人民思想的時代，學者的聰明才力，只有全部用去註釋古典……雍（正）、乾（隆）間也是一個例證」。❾

　　清初朱學尚興，但是學術水平不高，而抨擊王學甚力。張烈（武承 1622-1685），陸隴其（稼書 1630-1693），張伯行 (1652-1725)，都屬此輩，又皆是在朝之學者。其他在野之朱學家，與王學亦有淵源，但多講經世，少談心性，如陸世儀（桴亭 1611-1672），呂留良（晚村 1629-1683）之輩。另有顏元（習齋 1635-1704）與李塨（恕谷 1659-1733）強調務實，並排程朱與陸王，認為皆受佛老影響。不過這方面最透澈的言論，來自戴震（東原 1723-1777）。戴氏以《孟子字義疏證》，明言宋明二學，俱以禪

❽　參看顧炎武〈與施愚山書〉，《亭林文集》卷三，18 頁。顧氏的意思是，理學不能離開經學而獨立存在，見山井湧《明清思想史の研究》（東京，東京大學，1980），347 頁，註四。

❾　參看梁啟超《中國近三百年學術史》(1926 年版，臺北，中華，1970) 21 頁。

意解《孟子》書。「六經，孔孟之言，以及傳記群籍，理字不多見……理者，自宋以來，始相習成俗，則以理為如有物焉，得於天而具於心，因以心之意見當之也。」❿不過程朱與陸王之間，也有分別：

> 程子朱子就老莊釋氏所指者，轉其說以言夫理，非援儒而入禪；誤以釋氏之言雜入儒耳。陸子靜、王文成諸人，就老莊釋氏所指者，即以理實之，是乃援儒以入於釋者也。⓫

　　清朝的漢學（經學）復興，說也奇怪，竟在十九世紀末年，西學東漸時，重演「經今古文學」之分；當時之康有為，梁啟超等人，皆有心於「王學」，並有意總攝三教與西學，援之入儒，可見中國改革派也嚮往陽明。從此時起，「正統」與「異端」之爭漸消。民國初年，學者亦多好王陽明之說。不過，五四運動以來，主張全盤西化者，多反宋明理學。比如胡適與魯迅，⓬政見儘管不同，在這方面卻一致。

　　不過政界的變化，也繼續影響學術的評價。自從 1949 年以來，中國大陸的學者，反理學的多；其中反王的更多於反朱的。三十年來，大陸的哲學界以馬克斯、列寧思想為主，認「唯物主義」為善，「唯心主義」為惡，直到最近才稍有變化。在這時期，

---

❿　戴震《孟子字義疏證》卷上，45 頁。見胡適《戴東原的哲學》書內（臺北，商務，1970）。另外，批王的書，包括：張烈《王學質疑》（1681 序），陸隴其《陸稼書集》（卷二），馮訶《求是篇》（卷四）。

⓫　見上。64 頁。

⓬　胡適撰〈幾個反理學的思想家〉，見《胡適文存》（上海，亞東，1930）三集卷二。又，魯迅的《狂人日記》也激烈反對朱熹之學。

大陸哲學界中最享盛名的陽明學者，大約是熊十力。

四、「唯心論」的說法

「唯心論」是中西哲學界共用的字。西方哲學史上，有的以精神為事物的本質，思想為世界的核心（黑格爾）。陽明的哲學，有時也歸於這種「唯心論」(Idealism)。德國學者 A. Forke (1939)，英國學者李約瑟 (1956)，與中國（後來旅美）學者張君勱 (1962) 都如此說過。❸在比較中西哲學家時，他們以王陽明為接近英國的伯克萊 (Berkeley, 1685–1753) 與德國的黑格爾 (Hegel, 1770–1831)。

不過這類比較也有其問題。由於西方哲學，自笛卡爾 (Descartes, 1596–1650) 以來，有身心分裂的趨向，中文的「心」字，容易受誤解。再者，「唯心論」在馬克斯主義統治下的社會，有其特殊意思；在中國大陸亦如是。多年來，大陸學者以「唯物」、「唯心」的範疇，與兩者之間的鬥爭為主題，來講中國思想史。王陽明學說被稱為「主觀唯心論」，即是比程朱的「客觀唯心論」更脫離現實，更為惡人群。陽明征討「農民起義」，也是「主觀唯心論」之害。侯外盧之書，即引陽明言：「破山中賊易，破心中賊難」，而說：「從他把階級意義上的『賊』還元而為抽象的觀

---

❸　參看 A. Forke, *Geschichte der neuren chinesischen Philosophie* (Hamburg, Friederishsen de Gruyter, 1938), 380–399; J. Needham, *Science and Civilization in China*, vol. 2, 506–510；張君勱英文著述, Carsun Chang, *Wang Yang-ming, Idealist Philosopher of Sixteenth Century China* (New York, St. John's University Press, 1962).

念講來，這正是破『人欲』（凡人的追求）的一種僧侶主義說教」。**⑭**

　　大陸學者，一方面斥責王陽明，另方面稱揚王學的「左派」；尤其泰州學派的王艮、顏鈞、何心隱、李贄等人，因為出身貧賤，有人人平等思想，反對當權者，而受讚揚。可是他們得自陽明的影響卻未獲承認。**⑮**此類為前人斥為「狂禪」者，斷送明朝天下者，竟不算「主觀唯心論」。

　　不過，自從「四人幫」下臺，「文化大革命」正式告終(1976) 之後，大陸學術界也逐漸開放思想，1981 年 10 月間，又在杭州舉行全國性宋明理學討論會，筆者也以外籍學者身份應邀參加。會議中雖堅持馬列主義，毛澤東思想之領導，但已有個人學者，發表比較獨立性之論文，其中以馮友蘭為知名哲學家，至今仍倡言理學有用於現代化中國者。而且一般說，論程朱哲學的評價，比論王陽明的，肯定得多。在小組討論時，有的學者承認王陽明受累於現代政治，是不正常的現象。**⑯**同年，沈善洪、王鳳賢共撰之《王陽明哲學研究》之書也見世。書中雖指出大陸一般注重的「王學內部的矛盾」，但也說及王學之合理與可取處。而且認為陽明是「較有遠見和較為正直的封建官吏」，並且「正因為這樣，明世宗（嘉靖）朱厚熜在王陽明死後，曾經大罵王陽明說：『放言自肆，詆毀先儒，號召門徒，虛聲附和。用詐任情，壞人心術。近日之士，傳習邪說，皆其向導。』」**⑰**

---

⑭　侯外盧主編《中國思想通史》（北京，人民，1960）卷四下，第二十章，875 頁。

⑮　見上，第二十二至二十四章。

⑯　當時的發言人，是北京大學的鄧艾民教授（現已過世）。

總之，王陽明思想的評價，在現代也受政治上的「道統」問題的影響，是不容否認的事。

五、結　論

筆者不願多談陽明得於道家與道教的影響。一方面因為在第八章已有論及。再者，道家思想，早已滲入佛家禪宗；而道教實無甚明顯的哲學體系。道教是講養生的；陽明早年確曾借用其法。但是中年時說過，養生並無大益。另外，他認「元氣」「元神」「元精」，為「良知」，實非援道入儒，而是將來自道教的少許概念，進一步哲學化。這是道教的「改造」。通過他的解釋，道教的這些概念變了貌。他雖用道教語，他給的字義，與字的原義，全然不同。

筆者說過，陽明思想是否有佛教影響的問題，在二十世紀的今天，無須大題特做。我們不必以「護道」的心態，審查王學的「正」或「邪」。但是基本上的「王學何屬」問題，我們可以隔著四百多年的時間距離，更客觀地忖量一下；首先略提儒佛的分界問題，然後探討陽明學與程朱學的關係。

儒與佛的分界，在於道德論。儒家講修身治國；陽明亦講修身治國，這是他的「拔本塞源論」的主旨。儒家注重實踐；陽明立知行合一之教，又屢次舉孝悌為例，解釋其要。他在引經據典時，大部份時間，都引述四書。他的哲學，大體上是屬於儒家主流的。

---

❶ 沈、王撰之書，由浙江人民出版社出版，共 146 頁，印數三千本。明世宗的話，出自《春明夢餘錄》。見《王陽明哲學研究》，132 頁。

佛家是講解脫苦難的;陽明雖懷有救世的熱誠,甚至於類似「喪心病狂」者,他要救的,是現實世界。他很少提及輪迴生死之事。他既然借用了佛家的某些觀念(尤其超善惡的心體)來講學,並成立自己的思想系統;他就是深受佛學影響的儒家。「四句教」的含意,更說明他在綜合儒佛思想方面的成就與心得。

在這方面,我們可以說,他也改造了儒家,尤其是性理學。他的學說雖然出自《孟子》,但是他用字的意義,卻是新的。他的「致良知」說,實是儒家接受了數百年來自佛老(尤其禪)的影響後,才發揮出來的思想。這不能說是「異端」。因為《孟子》的某些概念,若推理至極,確有超越門戶之見的作用。陽明善於選擇;對於其前之先哲思想,皆有所取捨,並因而開放了入聖的道路。他不能說是儒家的叛徒。他也不完全是朱學的叛徒。他承認朱熹的成聖意向,但是否認朱學在這方面指出的途徑是正確的。這是本書第八章已指出的。

可是,王陽明既然「解放」了儒學思想,他的門徒與後學中,有的不免跨越儒家的門檻,而完全脫離其「棧」。王畿已有這傾向。李贄則更然。這是黃宗羲不入李氏於《明儒學案》的理由。

陽明的學說與朱熹的學說之間,的確有相當距離。這也屬於本書的主題。但是陽明學究竟是朱學的「化身」,或是基本上與朱學不同,確有值得研究之處。

筆者認為,我們若是泛講「性理學」的話,陽明確有「承繼」周敦頤的「聖人可學」與「誠」說,與程顥的「仁者以萬物一體」的看法。他對於程頤與朱熹的所教,也有取捨。比如他並不反對「道統」的意思,只是改變其系列,以陸九淵代替程頤與朱熹而已。

但是這項「替代」,牽涉相當廣。陽明確實不以程頤、朱熹為

「性理學」的中堅，而有「取而代之」的意思。程朱說「心」，又談「傳心」；陽明發揮他們的含義，而反對他們的理論。他將「性理學」完全帶上「心學」的路。他脫出了程朱學的範圍，而自成一說。這不是「改造」，而是「創新」。

陽明的《傳習錄》與論學書信中，不多提「太極」，但是他的「詩集」，卻常提「渾淪」，「先天」，「天機」等字。他晚年又時說「良知本體」；可見他的哲學，不只是實踐道德，或功夫論，而含有深奧的形上學。不過，形上學只好借用比喻性的語言，以避免落入空洞，或與生活脫節。陽明死後，他的弟子王畿、王艮等人，與其門人，過重本體而輕視功夫，終於引起許多流弊。明末以後，學術界重新提倡訓詁、考據等「實學」；與「反本體」有關係。這現象在泰州學派的晚期已有表現。比如自稱為王畿派門下之李贄（卓吾 1527–1602），因受到何心隱與顏鈞之影響而不再說萬物一體，也是一例。由此可見，明末思想的崩潰，表現了思想史似有的循環作用；明初的踐物精神，傳到王陽明的「體用一源」的體系後，人心又遺棄哲學而轉移精神到訓詁功夫上去。漢唐的經學再次出現，修身功夫又變成進學。

歷史雖然如此，清末民初的康有為、梁啟超，與稍後的熊十力，都表現王陽明思想的影響。這是我們今日不應忽視的。**⓲**

至於「王學」對於明亡的責任之事，筆者也認為，我們今日，

⓲ 見梁啟超《康南海傳》，19 頁，說康有為「由陽明學以入佛學，故最得力於禪宗」（康有為《中庸注》內附。臺北，商務，1968）。郭齊勇《熊十力及其哲學》（北京，新華，1985），52–54 頁。說熊氏「體用不二」的哲學，如何選擇「良知」、「本心」、「仁」等範疇表述其實體。參閱熊十力《讀經示要》（上海，正中，1949）卷一，37 頁。

應有「後顧之明」。

明朝的滅亡，是複雜的歷史問題，有多方面的因素：包括政治廢敗，經濟崩潰。但是，王學的流傳，是否也是因素之一？

筆者願意由兩個不同角度答覆這問題：

㈠專制政權的崩潰，與其政體本身的缺點，有切實關係。明朝末年，內憂外患，不勝其擾。這與朝廷用人不當，信人不足，是不可分的。細讀《明儒學案》之《東林學案》與《蕺山學案》即可知。明神宗（萬曆）懶於理事，明思宗（崇禎）心有餘而才力皆不足。陽明本人即曾因宦官專權而受謫職與流放的處分。明朝自始而終，寧信宦官而不信忠臣；其滅亡是在人意料之內的。黃宗羲的《明夷待訪錄》，不只是分析與批判專制政權的著作，也可說是解釋歷代興亡（包括明代）的借鏡。將明亡歸罪於「王學」，是簡單化歷史。

㈡專說明末的思想問題，而研究「王學末流」對於明亡有無責任：即是說，「王學的」「現成派」，有無造成人心崇尚虛無的現象？

在這方面，若是當代人（包括黃宗羲）有這印象，覺得「王學」末流曾有流弊，我們在後世就不能輕易否認這現象。不過，「王學」為何在中國的當時，造成人心尚虛的現象，而在十九世紀日本幕末時期，卻有「改革化」的影響？

筆者認為，明末與幕末，有同亦有異。尤其是國大與國小，對於人心的反應不同。再者，日人特因尚武而好陽明；中國的「王學末流」，只有數名流俠，不能發起中興的作用。但是，黃宗羲本身少年時的流俠行動，與後來參與反清的游擊戰爭，都是效法陽明的表示。「王學末流」的尚虛，是陽明在世時已反對的事，不能算是「王學」本身的錯。「王學」解放人心，在「灑然」（即自由）

與「敬畏」方面，確須維持平衡，泰州學派後來的作風，在當時說，固有放肆的地方。但是，若換個背景（即是政體若是改民主），在一個思想多元性的社會上，這類行為，不至於敗壞人心。

況且，「王學」為何在日本發生積極作用的問題，在今天也改了質。最近數十年，太平洋東岸地區之繁榮，也有人歸功於儒學的入世性學說。基本上說，陽明思想是入世性，救世性的；是好動過於好靜的；可以用在現代化，民主化的。若是近年來太平洋區的繁榮，不必全歸功於儒學或「王學」；明之亂亡，也不應過多歸咎於「王學」。它的主要原因，在於明廷本身的失治，與專權政治體制的不對。這也是陽明學者黃宗羲撰的《明夷待訪錄》的主旨。

陽明其人，既已成古；他的思想的作用，已不在他，而在他人。這是陽明早已知道的事。所以他說良知本體是無善無惡的，善惡是人為的；「惡」是背棄良知的作為。

> 性無定體……性之本體，原是無善無惡的。發用上也原是可以為善，可以為不善的。其流弊也原是一定善，一定惡的。 [19]

歸根究底，陽明學是澈底的「心學」。它的發揮，全看其學的後從，與他們「治心」之切。這是陽明學的活力所在，也是它的「主觀性」的潛在危機。但是「心學」實不可廢，它也有永恆價值；若是人們忘了心，而去「逐外物」，則會發現另一危機。這是我們在處於繁榮世界的今日，不應忽視的。 [20]

---

[19]　《傳習錄》下，《王陽明全書》（一），96 頁。

[20]　參看山室三良〈陽明學と現代〉，《陽明學入門》（「陽明學大系」第一卷，487–513 頁）。

附錄一　王氏祖先

根據錢德洪與王畿所輯之《年譜》(卷一)，及諸人所編之《世德紀》,

㈠陽明遠祖，有下列人:

王覽 (206-278)，晉、光祿大夫。其兄王祥 (185-269)，為名孝子，曾為繼母欲鮮魚，而在寒冬臥冰得鯉。王覽之愛兄，亦成好話。(見《晉書》卷三十三。)王覽之孫即王導 (267-330)，晉元帝丞相、明帝、成帝太傅。(見《晉書》卷六十五。)王陽明曾有〈紀夢〉詩，述其忠。(參看《王陽明全書》(二) 198 頁。)

王羲之 (303-379)，王導從弟王曠子，即王覽曾孫。官晉右軍將軍，書道之名，古今第一。(《晉書》卷八十。)好道教養生術，移居浙江會稽之山陰縣。

王壽，羲之二十三世孫，宋時官從九品之迪功郎，移居餘姚縣。

王綱 (1302-1371)，王壽五世孫，有識人之才；受明初劉基 (伯溫) 之薦，為廣東參議，死苗難。

王彥達，王綱子，以羊革裹父屍歸省，終身不仕，號秘湖漁隱，為陽明五世祖。

王與準，彥達子，號遯石翁，精《禮》《易》，亦終生不仕。生在永樂年間，其時，成祖篡惠帝位，殺方孝孺 (1402) 並誅其九族。方孝孺為浙江寧海人，家近餘姚。

㈡陽明近祖與家族，有下列人：

王傑，字世傑，與準子，陽明曾祖。號槐里先生，入南京國子監，未官早逝。

王倫，字天敍 (1421-1490)，號竹軒先生。人稱其「雅歌豪唫，胸次灑落」。著有《竹軒稿》,《江湖雜稿》，官至翰林院修撰。其生時明英宗與景帝爭位殘殺事 (1456)。英宗重用薛瑄 (1389-1464)。

王華 (1446-1522)，字德輝，號實菴，晚稱海日翁，或龍山先生。成化十七年 (1481)，賜進士及第第一人，官至南京吏部尚書。自餘姚移居山陰，即越城之光相坊。著有《龍山稿》,《垣南草堂稿》,《禮經大義》等。其妻鄭夫人，是陽明親生母。

王守仁 (陽明) 是王華長子。其弟守儉，是繼母趙氏子，為太學生，三弟守文亦趙氏子，為郡庠生，四弟守章是庶母楊氏子。另有幼妹，趙氏生。嫁南京工部郎中徐愛 (1487-1517)。

王守仁妻諸氏早逝無子。奉父命，養從弟守信子正憲。其後，繼室張氏生子正億 (1526-1577)，娶黃綰女。

附錄二　王陽明年表

（參看「陽明學大系」第十二卷《陽明學便覽》）

明憲宗成化八年 (1472)（九月三十日；西元 1472 年 10 月 31 日）

王陽明生於浙江餘姚。初名雲，其時為明治世。父王華仕憲宗、孝宗、武宗三朝，為孝宗御進講。武宗時，宦官劉瑾當政，移為南京吏部尚書。

明憲宗成化十二年 (1476)

王陽明五歲不言，有神僧過，留言說：「好箇孩兒，可惜道破。」祖父便改其名為守仁。

明憲宗成化十七年 (1481)

父王華舉進士第一甲第一人，任翰林院修撰。

明憲宗成化十八年 (1482)

王華迎父倫與子去北京。過金山時，王倫擬詩未得，陽明十一歲，卻成賦。

明憲宗成化十九年 (1483)

陽明就塾師，豪邁不羈。父憂之，祖父卻知之。陽明有言，讀書為學聖賢。

明憲宗成化二十年 (1484)

陽明喪親母，甚哀。

明憲宗成化二十二年 (1486)

陽明出遊居庸三關，經月始返，有經略四方之志。

明孝宗弘治元年 (1488)

1.陽明自越，去江西洪都（南昌）迎親。諸氏之父養和為江西布政司參議。成婚之日，偶入道教鐵柱宮，與道士對談養生，竟忘歸。次早始還。

2.又居官署中，練書法，盡用數篋紙。

3.父王華參與編集《憲朝實錄》，並任經筵官。

明孝宗弘治二年 (1489)

陽明偕諸夫人同歸餘姚；途中，舟至廣信，謁婁諒（一齋），同語格物之學。

明孝宗弘治三年 (1490)

陽明喪祖父；在鄉，與從弟等四人同習經義。

明孝宗弘治五年 (1492)

1.陽明舉浙江鄉試。

2.陽明又去北京；遍讀朱熹遺書，並在父官署「格竹」成病，乃廢格物，隨世學辭章。

明孝宗弘治六年 (1493)

陽明會試下第。王華昇經筵講官，多引程頤朱熹言。

明孝宗弘治九年 (1496)

陽明再試下第。《年譜》稱其為忌者所抑。歸餘姚結詩社。

明孝宗弘治十年 (1497)

陽明在北京，學兵法。

明孝宗弘治十一年 (1498)

1.陽明在北京，學朱熹書，又得疾，乃思養生。

2.父王華兼東宮講讀。

明孝宗弘治十二年 (1499)

1.陽明第三次會試，舉南宮第二人，賜二甲進士出身第七人，觀政工部。督造威寧伯王越墓。

2.陽明因聞邊急；上邊務八事。

明孝宗弘治十三年 (1500)

陽明改任刑部雲南清吏司主事。

明孝宗弘治十四年 (1501)

陽明奉命，審錄江北；多所平反，遊九華作賦，與道士論仙。

明孝宗弘治十五年 (1502)

陽明歸鄉，築室陽明洞中，行導引術，得先知，又悟其為玩弄精神，非道；並念祖母與父。

明孝宗弘治十六年 (1503)

陽明移病錢塘西湖，復思用世。

明孝宗弘治十七年 (1504)

陽明主考山東鄉試，又改任兵部武選清吏司主事。

明孝宗弘治十八年 (1505)

1.陽明教身心之學，門人始進。

2.又與翰林庶吉士湛若水（甘泉）交友，同倡聖學。

明武宗正德元年 (1506)

陽明在北京，因宦官劉瑾專政，諫臣戴銑，薄彥徽等下詔獄。陽明首先抗疏救之，亦下詔獄，受廷杖四十，絕而復甦，謫為龍場驛丞。

明武宗正德二年 (1507)

陽明赴謫途中，數遇驚險。先至錢塘，舟遊舟山，至閩界上岸遊武夷山。再從鄱陽往南京省父，事後返錢塘，去貴州。臨行，徐愛納贄。

明武宗正德三年 (1508)

1.陽明至貴州西北山中之龍場，作石棺，日夜端居默坐。

2.忽中夜大悟格物致知之旨，始知聖人之道，吾性自足，向之求理於事物者，誤也。

3.默記五經之言以證之。

明武宗正德四年 (1509)

陽明受提學副使席書（元山）聘，主貴陽書院，論「知行合一」說。

明武宗正德五年 (1510)

1.陽明陞廬陵知縣。以開導人心為政；並立火巷，定水運，絕橫征，組保甲。

2.又自貴陽歸途中，過常德辰州，見門人冀元亨、蔣信、劉觀時，並同在僧寺靜坐。

明武宗正德六年 (1511)

1.陽明調任吏部主事，後陞員外郎，在北京。

2.與徐成之論朱陸異同；方獻夫稱門人。

3.作〈別甘泉序〉以送湛若水出使安南封國。

明武宗正德七年 (1512)

陽明在北京，顧應祥、黃綰、徐愛等同受業。

明武宗正德八年 (1513)

1.陽明陞吏部郎中，年末轉陞南京太僕寺少卿。

2.與徐愛論學，與舟同歸越時，論《大學》宗旨。

3.門人大進；知名者有黃綰、朱節、蔡完克、應良、陳洸、林達、蕭鳴鳳、魏廷霖、陳鼎、王道、顧應祥、穆孔暉等人。

明武宗正德九年 (1514)

1.陽明在越；後去滁州督馬政。

2.從遊者益多至數百人。

3.陽明論靜坐中亦不可強禁思慮。

4.陽明調昇南京鴻臚寺卿。

明武宗正德十年 (1515)

1.門人益親；教學者存天理，去人欲。

2.門人知名者有薛侃、陸澄、季本、馬明衡、劉觀時、周積等人。

3.陽明戒王嘉秀、蕭惠，「二氏」不及聖學。

4.陽明立再從子正憲為後，時年八歲。

明武宗正德十一年 (1516)

陽明陞都察院左僉都御史，巡撫南贛、汀、漳。

明武宗正德十二年 (1517)

1.陽明立十家牌法以避寇，並戰勝之。

2.陽明選民兵，立兵符，奏設縣治，疏請疏通鹽法。

3.陽明求雨得雨，撰〈時雨堂記〉。

明武宗正德十三年 (1518)

1.陽明在贛，平浰頭，立社學，舉鄉約，又陞都察院右副都御史。

2.刻《大學古本》，《朱子晚年定論》。

3.門人薛侃刻《傳習錄》。

4.徐愛卒，年三十一。

5.陽明修濂溪書院以居學者。

明武宗正德十四年 (1519)

1.陽明起義兵，擒寧王宸濠。疏諫親征，武宗南巡，陽明又

獻俘張永。

2.陽明與北軍較射，三發三中。

明武宗正德十五年 (1520)

1.陽明留江西。門人冀元亨冤死於獄，陽明請歸鄉，不允。

2.江西大水；陽明上疏自劾。

3.陽明答羅整菴書。

4.張忠、許泰欲害陽明。

5.王艮稱弟子。歐陽德、陳九川、魏良弼等日侍講席。

明武宗正德十六年 (1521)

1.陽明始揭「致良知」之教。

2.武宗北歸。不久死。

3.陽明撰〈象山文集序〉，並刻其書。

4.陽明集門人於白鹿洞。

明世宗嘉靖元年 (1522)

1.陽明陞南京兵部尚書，又封新建伯。

2.在鄉。父王華病卒，年七十。

3.陽明臥病。

明世宗嘉靖二年 (1523)

1.陽明在鄉守父喪。

2.南宮策士，以心學為問，以闢陽明。

3.歐陽德、魏良弼等升進士。錢德洪落第。

4.陽明論狂、狷、鄉愿事。

明世宗嘉靖三年 (1524)

1.陽明在鄉，中秋宴門人於天泉橋，在者百餘人。

2.朝上起大禮議之爭。陽明不答朋友問。

3.門人南大吉續刻《傳習錄》。

明世宗嘉靖四年 (1525)

1.陽明夫人諸氏卒（正月）。

2.陽明作〈稽山書院尊經閣記〉，〈親民堂記〉，〈重修山陰縣學記〉。

3.陽明在鄉，每月數會門人。門人立陽明書院於越城。

4.陽明作〈答顧東橋書〉。

明世宗嘉靖五年 (1526)

1.陽明在鄉。

2.十一月，繼室張氏生子正億。

3.陽明致書鄒守益、南大吉、歐陽德、聶豹，又作〈惜陰說〉。

4.陽明答問祠堂位祔之制。

明世宗嘉靖六年 (1527)

1.陽明在鄉，受命征思田，辭不允。

2.鄒守益刻《文錄》。陽明致書黃綰。

3.九月初八日，與錢德洪、王畿在天泉論道（四句教）。

4.陽明過吉安，大會諸友三百餘人。

5.陽明上謝恩疏，為田州邊民請命。

明世宗嘉靖七年 (1528/1529)

1.陽明在廣西，平思田（二月）；疾劇上疏請告。疏入未報。

2.行歸，卒於南安（十一月二十九日，即西元 1529 年 1 月 9 日）。

明世宗嘉靖八年 (1529)

1.二月，喪至越。

2.朝廷聽翰林桂萼責陽明擅自離職，又教異端；竟下令革爵，並禁「偽學」。

3.十一月十一日，陽明葬於洪溪；會葬者千餘人。

明穆宗隆慶元年 (1567)

陽明贈新建侯，諡文成。

明神宗萬曆十二年 (1584)

陽明從祀孔廟，稱先儒王子。

附錄三　王陽明交遊與弟子知名錄

（限出現於本書者）

一、交　遊

1. 婁諒（苑貞，一齋 1422–1491）
2. 羅欽順（整菴 1465–1547）
3. 湛若水（元明，甘泉 1466–1560）
4. 李夢陽 (1472–1529)
5. 何景明 (1483–1521)
6. 徐禎卿 (1479–1511)
7. 邊貢 (1476–1532)
8. 顧璘（東橋 1476–1545）

二、門　人

1. 徐愛（曰仁，橫山 1487–1517）
2. 錢德洪（洪甫，緒山 1497–1574）
3. 王畿（汝中，龍溪 1498–1583）
4. 鄒守益（謙之，東廓 1491–1562）
5. 歐陽德（崇一，南野 1496–1554）
6. 聶豹（文蔚，雙江 1487–1563）
7. 羅洪先（念菴 1504–1564）
8. 薛侃（尚謙 1545 卒）
9. 王艮（汝止，心齋 1483–1540）

10.黃綰（宗賢，明道 1480–1554）

11.黃省曾（勉之 1490–1540）

12.南大吉（元善 1487–1541）

13.李本（明德 1485–1563）

14.陳九川（惟濬 1494–1562）

15.王承裕（天宇 1465–1568）

16.方獻夫（叔賢，西樵 1544 年卒）

17.陸澄（原靜，清伯 1517 年進士）

18.董澐（蘿石 1457–1533）

19.王道（純甫 1487–1547）

20.聞人銓（邦正 1525 年進士）

21.周衝（道通 1485–1532）（有說亦名周衝）

參考書目

㈠陽明著述

1. 《王陽明全書》（亦稱《王文成公全書》），以謝廷傑彙本 (1572) 較為完備。原書分三十八卷；計《傳習錄》（三卷）、《文錄》、《別錄》、《外集》、《續篇》（二十八卷）、《年譜》、《世德紀》（七卷）。「四部叢刊初編」與「四部備要」本，皆從此。

2. 筆者為方便起見，引用根據謝氏彙本重編的臺北正中書局 (1955) 本。但是同時參考「四部備要」本，以示慎重。正中本有誤處，即從「四部備要」本。可是，此書並不包羅陽明所有著述；《大學古本旁注》即不在內。筆者參考的，是李調元編的「函海」本。另有日本天理大學中央圖書館珍藏〈王陽明致周道通書五封〉，經杜維明筆譯於《大陸雜誌》第四十七卷 (1973) 63–64 頁。

3. 再者，筆者也參考陳榮捷《王陽明傳習錄詳註集評》（臺北，學生，1983）。

4. 除陽明著述外，本書目謹分為㈡經子史類㈢傳統理學與有關學術類㈣關於陽明的專題書㈤其他。其中的㈢、㈣、㈤，亦列日文或韓文書，次序略以時代先後為標準。至於西文（英、法、德文）著作，則只列專題書與本書所引述的書。

㈡**傳統書籍（經傳，諸子，通史）**

  1.《四書集注》（四部備要本）。

  2.《四書或問》（四庫全書本）。

  3.《周易正義》（四部備要本）。

  4.《毛詩正義》（同上）。

  5.《尚書正義》（同上）。

  6.《禮記正義》（同上）。

  7.《春秋左傳正義》（同上）。

  8.《老子》（王弼注）（四部備要本）。

  9.《莊子》（四部備要本）。

  10.《荀子》（四部備要本）。

  11.司馬遷《史記》（開明書店版）。

  12.李延壽《南史》（同上）。

  13.脫脫《宋史》（同上）。

  14.宋濂《元史》（同上）。

  15.張廷玉《明史》（同上）。

  16.《呂氏春秋》（四部備要本）。

㈢**傳統書籍（儒、佛、道）**

一、中國部份

⑴儒　學

  1.韓愈《韓昌黎全集》（1809 年版，臺北，新興，1970）。

  2.李翱《李文公集》（四部叢刊本）。

  3.歐陽修《歐陽文忠公文集》（四部叢刊本）。

4. 周敦頤《周子通書》(四部備要本)。

5. 周敦頤《周子全書》(和刻影印本《周張全書》內)。

6. 張載《張子全書》(四部備要本)。

7. 程顥、程頤《二程全書》(四部備要本)。

8. 邵雍《皇極經世》(四部備要本)。

9. 朱熹《近思錄集注》(四部備要本)。

10. 朱熹《朱子語類》(黎靖德編,1473)。

11. 朱熹《朱子大全》(四部備要本)。

12. 朱熹《朱子遺書》(臺北,藝文,1969)。

13. 陸九淵《象山全集》(四部備要本)。

14. 陳獻章《白沙子全集》(1771年版)。

15. 湛若水《甘泉文集》(資政堂本)。

16. 湛若水《聖學格物通》。

17. 薛瑄《讀書錄》(張伯行《正誼堂全書》本)。

18. 羅欽順《困知記》(同上)。

19. 羅欽順《羅整菴集存稿》(同上)。

20. 王畿《王龍溪全集》(1822年版,臺北,華文,1970)。

21. 王艮《王心齋先生全集》(明版)。

22. 黃綰《明道編》(北京,中華,1959)。

23. 墨憨齋(馮夢龍)《王陽明出身靖難錄》(臺北,廣文,1968)。

24. 顧憲成《顧端文公遺書》(1877年版,臺北,廣文,1975)。

25. 劉宗周《劉子全書》(1824年版)。

26. 劉宗周《劉子全書遺編》(1850年版)。

27. 黃宗羲《明儒學案》(四部備要本)。

28.黃宗羲《梨洲遺著彙刊》（薛鳳昌編《明清史料彙編》內，臺北，文海，1969）。

29.黃宗羲《明夷待訪錄》（臺北，廣文，1965）。

30.黃宗羲、全祖望《宋元學案》（四部備要本）。

31.顧炎武《日知錄集釋》（四部備要本）。

32.顧炎武《亭林文集》（見《顧亭林先生遺書十種》，1885）。

33.王夫之《張子正蒙注》（臺北，世界，1962）。

34.王夫之《禮記章句》（1865）。

35.李贄《焚書》（北京，中華，1974）。

36.李贄《陽明先生道學鈔》（1609 年版）。

37.李心傳《建炎以來朝野雜記》（叢書集成本）。

38.朱之瑜《舜水遺書》（臺北，進學，1969）。

39.陳建《學蔀通辨》（張伯行《正誼堂全書》本）。

40.馮訶《求是篇》（同上）。

41.張烈《讀史質疑》（同上）。

42.陸隴其《陸稼書集》（同上）。

43.毛奇齡《西河合集》（1685 年版）。

44.毛奇齡《明武宗外紀》（臺北，廣文，1965）。

45.唐甄《潛書》（1885）。

46.王懋竑《朱子年譜》（臺北，商務，1971）。

47.閻若璩《古文尚書疏證》（王先謙輯《皇清經解續編》，1889 序）。

48.戴震《孟子字義疏證》（胡適《戴東原的哲學》，內附，臺北，商務，1970）。

49.朱彝尊《經義考》（四部備要本）。

50.張之洞《張文襄公全集》(1928 年版，臺北，文海，1963)。

51.紀昀《四庫全書總目提要》(上海，商務，1933)。

52.蕭良幹《紹興府志》(1586 年版，膠卷)。

⑵佛與道

1.《金剛般若波羅密經》《大藏經》(八)，第 236 號。

2.僧肇《肇論》《大藏經》(四十五)，第 1858 號。

3.道元《景德傳燈錄》《大藏經》(五十一)，第 2076 號。

4.宗寶《六祖大師法寶壇經》《大藏經》(四十八)，第 2008 號。

5.普濟《五燈會要》《續藏經》一輯二編乙，十一套。

6.澄觀《華嚴法界玄鏡》《大藏經》(四十五)，第 1883 號。

7.宗密《注華嚴法界觀門》《大藏經》(四十五)，第 1884 號。

8.慧開《無門關》《大藏經》(五十一)，第 2005 號。

9.智顗《妙法蓮華經文句》《大藏經》(三十四)，第 1718 號。

10.《靈寶無量度人上品妙經》《道藏》，第 1 號。

11.《紫陽真人悟真篇三註》《道藏》，第 141 號。

12.朱熹（鄒訢）《周易參同契考異》(《朱子遺書》)。

13.朱熹（鄒訢）《陰符經考異》(《朱子遺書》)。

二、傳統日本朝鮮

1.中江藤樹《藤樹先生全集》(東京，岩波，1940)。

2.大鹽中齋《洗心洞箚記》(《大鹽中齋》，東京，日本圖書セン
ター，1979)。

3.佐久間象山《象山全集》(東京，1913)。

4.李滉《增補退溪全書》(漢城，成均館大學，1978)。

5.李珥《栗谷全書》(漢城，成均館大學出版社，1958)。

6.鄭齊斗《霞谷集》(漢城，民族文化促進社，1972)。

㈣關於陽明與其學說的專題書

⑴中文部份

1. 余重耀《陽明先生傳纂》(上海，中華，1923)。

2. 謝無量《陽明學派》(上海，中華，1930)。

3. 梁啟超《王陽明知行合一之教》(《飲冰室合集》，《文集》三十六，上海，中華，1936)。

4. 胡哲敷《陸王哲學辨微》(上海，中華，1930)。

5. 宋佩韋《王陽明與明理學》(上海，商務，1931)。

6. 賈豐臻《陽明學》(上海，商務，1930)。

7. 錢穆《王守仁》(上海，商務，1933)。

8. 嵇文甫《左派王學》(重慶，商務，1944)。

9. 錢穆《陽明學述要》(臺北，正中，1955)。

10. 丁仁齋《王陽明教育學說》(臺北，復興，1955)。

11. 牟宗三《王陽明致良知教》(臺北，中央文物，1954)。

12. 牟宗三《從陸象山到劉蕺山》(臺北，學生，1979)。

13. 張君勱《比較中日陽明學》(臺北，中華文化，1956)。

14. 朱謙之《日本的古學及陽明學》(上海，人民，1962)。

15. 黃敦涵《陽明學說體系》(臺北，泰山，1962)。

16. 蔡仁厚《王陽明哲學》(臺北，三民，1966)。

17. 張其昀(編)《陽明學論文集》(臺北，中華學術院，1972)。

18. 楊天石《王陽明》(北京，中華，1972)。

19. 鄧元忠《王陽明聖學探討》(臺北，正中，1975)。

20.朱秉義《王陽明入聖的功夫》（臺北，幼獅，1979）。

21.鍾彩鈞《王陽明思想之進展》（臺北，文史哲，1982）。

22.麥仲貴《王門諸子致良知學之發展》（香港，中文大學，1973）。

23.沈善洪、王風賢《王陽明哲學研究》（杭州，浙江人民出版社，1981）。

(2)日文部份

1.山田準《陽明學精義》（東京，金鈴社，1926）。

2.三島復《王陽明の哲學》（東京，大岡山，1934）。

3.秋月胤繼《陸王研究》（章華社，1935）。

4.井上哲次郎《日本陽明學派の哲學》（東京，富山房，1903）。

5.安藤州一《王陽明の解脫論》（大阪，敬文館，1942）。

6.保田清《王陽明》（東京，弘文堂，1942）。

7.武內義雄《朱子陽明》（東京，岩波，1957）。

8.久須本文雄《王陽明の禪的思想研究》（名古屋，日進堂，1958）。

9.安岡正篤《王陽明研究》（東京，明德，1967）。

10.島田虔次《朱子學と陽明學》（東京，岩波，1967）。

11.谷光隆《王陽明》（東京，人物往來社，1967）。

12.山下龍二《王陽明》（東京，集英社，1970）。

13.岡田武彥《王陽明と明末の儒學》（東京，明德，1970）。

14.宇野哲人、安岡正篤監修「陽明學大系」（東京，明德出版社，1971–1974）全十三冊。其中包括下列書：

冊一：《陽明學入門》包括中日學者之專題論文。

冊二、三：《王陽明》上卷是和（日）譯《傳習錄》，下卷是

和譯詩文。

冊四：《陸象山》包括有關楊簡、陳獻章之解說與選譯。

冊五、六、七：《陽明門下》包括有關約十三位門人與後人之
解說與選譯。

冊八、九、十：《日本の陽明學》包括有關約十二位學者之解
說與選譯。

冊十一：《幕末維新陽明學者書簡集》包括四位學者之書信。

冊十二：《陽明學便覽》包括陽明年表，與有關方面之中日論
著。

別冊：《傳習錄諸註集成》包括中日學者之解註。

（此是目前最完整的一套參考書；文獻又附中文原文。實是
研究陽明學者不可缺少的資料。）

(3)西文部份

1. Henke, Frederick G. 《王陽明文集選譯》

Henke, Frederick G., *The Philosophy of Wang Yang-ming*
(Chicago, Open Court, 1916).

2. 張君勱《王陽明：十六世紀中國唯心論哲學家》

Chang, Carsun, *Wang Yang-ming, Idealist Philosopher of
Sixteenth Century China* (New York, St. John's University
Press, 1962).

3. 陳榮捷英譯《傳習錄》

Chan, Wing-tsit, *Instructions for Practical Living* (New York,
Columbia University Press, 1963).

4. 秦家懿英譯《王陽明論學書信》

Ching, Julia, *The Philosophical Letters of Wang Yang-ming*

(Canberra, Australia National University Press 1972;, Columbia, S. C., University of South Carolina, 1972).

5. 杜維明《新儒學思想的實踐：王陽明的青年時代 (1472–1509)》

Tu, Wei-ming, *Neo-Confucian Thought in Action. Wang Yang-ming's Youth (1472–1509)* (Berkeley, Calif, University of California Press, 1976).

6. 秦家懿《求智——王陽明之「道」》

Ching, Julia, *To Acquire Wisdom: The Way of Wang Yang-ming* (New York, Columbia University Press, 1976).

7. 王昌祉《王陽明的道德哲學》（法文）

Wang, Tchang-tche, S. J., *La Philosophic Morale de Wang Yang-ming,* Variétés sinologique, no. 63 (Shanghai/Paris, T'ou-se-we and P. Guenthner, 1936).

（論文恕不詳列）

㈤**其他書籍與論文**

⑴中文書籍

1. 馮友蘭《中國哲學史》（上海，商務，1935）。

2. 馮友蘭《中國哲學史新篇》（北京，人民，1980）。

3. 侯外盧（主編）《中國思想通史》（北京，人民，1960）第四卷下。

4. 湯用彤《魏晉玄學論稿》（北京，人民，1957）。

5. 容肇祖《魏晉的自然主義》（臺北，開明，1962）。

6. 容肇祖《明代思想史》（臺北，開明，1962）。

7. 唐君毅《中國哲學原論：原性篇》(香港，新亞學院，1968)。

8. 牟宗三《心體與性體》(臺北，正中，1968)。

9. 錢穆《中國哲學史論集：宋明篇》(臺北，東大，1976–1977)。

10. 任繼愈 (主編)《中國哲學史》(北京，人民，1964) 第三冊。

11. 孫叔平《中國哲學史稿》(上海，人民，1981) (二冊)。

12. 陳榮捷《朱學論集》(臺北，學生，1982)。

13. 劉述先《朱子哲學思想的發展與完成》(臺北，學生，1982)。

14. 張立文《朱熹思想研究》(北京，中國科學出版社，1981)。

15. 中國哲學史學會、浙江省社會科學研究所 (編)《論宋明理學：宋明理學討論會論文集》(杭州，浙江人民出版社，1983)。

16. 孫克寬《宋元道教之發展》(臺中，東海大學，1965–1968) (二冊)。

17. 李丙燾《資料韓國儒學史草稿》(國立漢城大學抽印本，1959)。

18. 張在軾《朝鮮儒教淵源》(漢城，匯東，1922)。

19. 梁啟超《中國近三百年學術史》(1926 年版，臺北，中華，1970)。

20. 鄭振鐸《湯禱篇》(上海，古典出版社，1957)。

21. 熊十力《讀經示要》(上海，正中，1949)。

22. 康有為《中庸注》(臺北，商務，1968)。

23. 郭齊勇《熊十力及其哲學》(北京，新華，1985)。

(2) 日、韓文書籍

1. 常盤大定《支那に於ける佛教と儒教道教》(東京，東洋文

庫，1930）。

2.楠本正繼《宋明時代儒學思想の研究》（千葉縣，廣池學園，
1963）。

3.島田虔次《中國における近代思維の挫折》（東京，筑摩，
1949）。

4.岡田武彥《宋明哲學序說》（東京，文言社，1977）。

5.荒木見悟《佛教と儒教——中國思想を形成するもの》（京
都，平樂寺，1963）。

6.荒木見悟《明代思想研究》（東京，創文社，1972）。

7.山井湧《明清思想史の研究》（東京大學出版社，1980）。

8.久須本文雄《宋代儒學の禪思想研究》（名古屋，日進堂，
1980）。

9.山根幸夫《明代徭役制度の展開》（東京女子大學學會，
1966）。

10.岡田武彥《江戶期の儒學》（東京，木耳社，1982）。

11.鄭寅普《薝園國學散藁》（漢城，文教社，1955）。

(3)西文書籍（附論文，皆限於引述者）

1. Chan, Wing-tsit, *Neo-Confucianism etc.: Essays.* By Wing-tsit
Chan, compiled by Charles K. H. Chen (New Haven, Oriental
Society, 1969).

2. Needham, Joseph, *Science and Civilization in China*
(Cambridge, at the University Press, 1956), vol. 2.

3. Stace, W. T., *Mysticism and Philosophy* (London, Macmillan,
1961).

4. Forke, A., *Geschichte der neuren chinesischen Philosophie*

(Hamburg, F. de Gruyter, 1938). （此是德文書）

5. Demiéville, Paul, "Le Miroir Spirituel," *Sinologica* 1 (1948), 112–137. （法文論文）

6. Ching, Julia, "The Idea of God in Nakae Tōju," *Japanese Journal of Religious Studies* 11 (1984), 293–312.

⑷論文（中、日、韓文在內）

1. 牟潤孫〈釋論語狂簡章〉《新亞學報》卷二 (1957) 79–86 頁。

2. 阿部吉雄〈羅欽順〉《中國の思想家》（東京大學出版社，1963）571–583 頁。

3. 阿部吉雄〈朝鮮の陽明學〉《陽明學入門》407–425 頁。

4. 賀麟〈宋儒的思想方法〉《宋史研究集》宋史座談會編（臺北，中華叢書，1964）。

5. 鈴木正〈明代山人考〉《明代史論叢》（東京，大安，1962）。

6. 胡適〈幾個反理學的思想家〉《胡適文存》三集卷二。

7. 唐君毅〈陽明學與朱陸異同重辨〉《新亞學報》卷八 (1968) 53–126 頁；卷九 (1969) 1–69 頁。

8. 柳存仁〈王陽明與佛道二教〉《清華學報》新十三卷 (1981) 27–51 頁。

9. 柳存仁〈道藏悟真篇三註辨誤〉《東西文化》十五 (1968) 33–41 頁。

10. 荒木見悟〈陽明學と明代の佛教〉《陽明學入門》291–320 頁。

11. 牛尾弘孝〈王陽明と禪思想〉《陽明學の世界》岡田武彥編 162–18 頁。

12. 李能和〈朝鮮儒學及陽明學派〉《青丘學叢》二十五 (1936)

105–142 頁。

13.高橋亨〈朝鮮の陽明學派〉《朝鮮學報》四 (1953) 131–156 頁。

14.三島由紀夫〈革命哲學としての陽明學〉《諸君》(1970) 22–45 頁。

15.山室三良〈陽明學と現代〉《陽明學入門》487–513 頁。

墨翟先生，請留步！　李賢中著

　　這是一本充滿對話的故事書，對話中隱含著哲理，故事中充滿著想像。兩千多年前的墨翟躍於紙上，在尋找天下至寶的途中，他巧遇了不同時空的先秦哲學家們：老子、莊周、惠施、孫武、公孫龍、荀子、韓非……。這些哲學家們談生命、論兼愛、講兵法、述鬼神，他們關心人性與管理、君子與立志，還有墨家是不是效益主義的問題……。讀者不僅能從本書了解墨家哲學，亦得以從一個不同於儒家傳統的立場，鳥瞰先秦哲學。

烏龍邏輯？　劉福增著

　　國際知名邏輯學家丘崎教授應殷海光教授之邀，到臺灣進行學術交流，研討會結束後，便到美麗的嘉南平原觀光。一邊欣賞仁義潭上的月色，一邊談著范恩圖解；一邊品嘗雞肉飯，一邊討論選言三段論法；或是在靈巖寺與和尚喝著烏龍茶，大談謬誤……。有了殷海光教授和兩位學生的陪伴，基本邏輯的趣味就在笑談中一一展現，更在臺灣鄉民的熱情參與裡，我們發現，原來邏輯就在你我身邊！

信不信由你──從哲學看宗教　游淙祺著

　　西方哲學從古希臘到十九世紀末為止，其論辯、批判與質疑的焦點集中在「上帝是否存在」上。而二十世紀的西方哲學家，在乎的是「宗教人的神聖經驗」、「宗教語言」、「宗教象徵與神話」等新議題。至於身為世界公民的我們，如何面對宗教多元的現象？應該怎樣思考宗教多樣性與彼此相互關係的問題呢？

哲學在哪裡？　葉海煙著

阿哲遇到了被教會開除的斯賓諾莎，這位難以立足於世的虔敬者，縱使只能靠著磨鏡片的卑微工作過活，也不願意放棄心中最堅定的信仰。在廣大的平原上，他聽聞了尼采對世界的熱情，便熱切的想拜訪他，卻沒想到在精神病的折磨下，尼采早已過世……。在咖啡屋，有人勾起阿哲「已被喝光的咖啡是否存在」的好奇心，他們又是誰？到底還有什麼奇遇，等待著阿哲呢？

平等與差異——漫遊女性主義　劉亞蘭著

老媽對家庭的付出，是愛的表現還是另類的被剝削？如果生養子女是女人的天職，那男人呢？本書從自由主義、馬克思主義、激進女性主義等觀點，帶領讀者一同了解哲學和性別之間的思辯過程。希望讀者朋友在了解女性主義者為女性發聲的奮鬥歷史之後，也能一起思考：兩性之間的發展、人與人之間的對待，是否能更和諧、更多元？

少年達力的思想探險　鄭光明著

殘敗的燈火，忽明或暗。蕭瑟的街道，角落堆著垃圾，腐臭的味道撲鼻而來。建築物表面粗糙，鋼筋裸露，卻在牆磚隙縫裡冒出不知名的綠色植物，纖細的對稱葉片隨著強風顫抖，再一刻就要吹落……在這個世界裡，達力是否存在？周遭一切會不會如夢如幻、只不過是惡魔的玩笑？有什麼是確定的？達力開始懷疑……。

思考的祕密　　傅皓政著

　　本書專為所有對邏輯有興趣、有疑惑的讀者設計，從小故事著眼，帶領讀者一探邏輯之祕。異於坊間邏輯教科書，本書沒有大量繁複的演算題目，只有分段細述人類思考問題時候的詳細過程，全書簡單而透徹，讓您輕鬆掌握邏輯推演步驟及系統設計的理念。全書共分九章，讓您解碼邏輯，易如反掌！